भारत के 51 युग-प्रवर्तक वैज्ञानिक

भारत धर्म और अध्यात्म की तरह ही गणित और विज्ञान में भी एक अव्वल देश रहा है और आज फिर सारी दुनिया के मानचित्र पर अपनी एक अलग पहचान अंकित कर रहा है। आईटी यानी सूचना प्रौद्योगिकी में तो उसका कोई जवाब ही नहीं है और आज इस क्षेत्र में भारत दुनिया में एक महाशक्ति सरीखा बन गया है।

प्राचीन काल में भारत के चरक, सुश्रुत, जीवक सरीखे चिकित्सक और नागार्जुन सरीखे अद्‌भुत कीमियागर जग-विख्यात थे और आर्यभट, वराहमिहिर, ब्रह्मगुप्त और भास्कराचार्य सरीखे विज्ञानियों ने विज्ञान के साथ-साथ गणित को लेकर जो आश्चर्यजनक खोजें कीं, वे चकित करती हैं। इस दिशा में भारत के महान योगदान को आज सभी स्वीकार करते हैं। इसी तरह शून्य का आविष्कार भारत की ऐसी खोज है, जिसने विज्ञान और गणित में आधुनिकतम खोजों के द्वार खोल दिए।

इस पुस्तक में जाने-माने साहित्यकार और विज्ञान-चिंतक प्रकाश मनु ने भारत के ऐसे ही 51 युग-प्रवर्तक वैज्ञानिकों के जीवन और उनके महान योगदान के बारे में बताया गया है, जिसे पढ़कर बाल और किशोर पाठकों को अपने देश की महान वैज्ञानिक परंपरा के बारे में पता चलेगा। साथ ही खुद उनके भीतर भी इस क्षेत्र में आगे आकर कुछ नया कर गुजरने का सपना और एक नया हौसला पैदा होगा।

प्रकाश मनु

जन्म : 12 मई, 1950 को शिकोहाबाद, उत्तर प्रदेश में।

शिक्षा : अपने निराले फक्कड़ अंदाज में जिंदगी जीने वाले प्रकाश मनु शुरू में विज्ञान के प्रतिभाशाली विद्यार्थी रहे। आगरा कॉलेज, आगरा से भौतिक विज्ञान में एम.एस-सी. करने के बाद, साहित्य में दिलचस्पी की वजह से जीवन की राह ही बदल गई। पच्चीस वर्षों तक लोकप्रिय बाल पत्रिका 'नंदन' के संपादन से जुड़े रहे। अब पूरी तरह स्वतंत्र लेखन। बाल साहित्य से जुड़ी कुछ बड़ी योजनाओं पर काम कर रहे हैं।

उपन्यास : यह जो दिल्ली है, कथा सर्कस, पापा के जाने के बाद।

कहानियाँ : 21 श्रेष्ठ कहानियाँ, मिसेज मजूमदार, जिंदगीनामा एक जीनियस का, अरुंधती उदास है, तुम कहाँ हो नवीन भाई, सुकरात मेरे शहर में, अंकल को विश नहीं करोगे।

कविता : एक और प्रार्थना, छूटता हुआ घर, कविता और कविता के बीच।

बाल साहित्य : बच्चों की 51 हास्य कथाएँ, ज्ञान-विज्ञान की आश्चर्यजनक कहानियाँ, मातुंगा जंगल की 51 अचरजभरी कहानियाँ, परियों की 51 मनभावन कहानियाँ, तेनालीराम की चतुराई के अनोखे किस्से, चिन-चिन चूँ, नंदू भैया की पतंगें (कहानियाँ), गोलू भागा घर से, एक था ठुनठुनिया, चीनू का चिड़ियाघर, नन्ही गोगो के कारनामे, खुक्कन दादा का बचपन (उपन्यास), हाथी का जूता, इक्यावन बाल कविताएँ (कविताएँ)। हिंदी में बाल कविता का पहला व्यवस्थित इतिहास 'हिंदी बाल कविता का इतिहास' लिखकर ऐतिहासिक महत्व का काम किया। इसके अलावा संस्मरण, साक्षात्कार और आलोचना में कुछ अलग सा काम। कई महत्वपूर्ण संपादित पुस्तकें भी।

पुरस्कार : साहित्य अकादमी के पहले बाल साहित्य पुरस्कार तथा हिंदी अकादमी के 'साहित्यकार सम्मान' से सम्मानित। कविता-संग्रह 'छूटता हुआ घर' पर प्रथम गिरिजाकुमार माथुर स्मृति पुरस्कार।

पता : 545, सेक्टर-29, फरीदाबाद- 121008 (हरियाणा)

मो. 09810602327

भारत के 51
युग-प्रवर्तक वैज्ञानिक

प्राचीन काल से आज तक भारत के महान
युग-प्रवर्तक वैज्ञानिकों की जीवन-गाथाएँ

प्रकाश मनु
साहित्य अकादमी के पहले बाल साहित्य
पुरस्कार से सम्मानित लेखक

डायमंड बुक्स

प्रकाशक : डायमंड पॉकेट बुक्स (प्रा.) लि.
X-30 ओखला इंडस्ट्रियल एरिया, फेज-II
नई दिल्ली-110020
फोन : 011-40712200
ई-मेल : wecare@diamondbooks.in
वेबसाइट : www.diamondbooks.in
संस्करण : 2025
मुद्रक : रेप्रो (इंडिया)

Bharat Ke 51 Yug Pravartak Vaigyanik
by : Prakash Manu

भारत के विलक्षण ऊर्जावान वैज्ञानिक
डा. शांतिस्वरूप भटनागर को याद करते हुए,
जिन्होंने विज्ञान के सहारे
औद्योगिक क्रांति का सपना देखा था।

भूमिका

भारत के महान युग-प्रवर्तक वैज्ञानिक

भारत को सारी दुनिया एक महान आध्यात्मिक देश के रूप में देखती और जानती है। पर भारत धर्म और अध्यात्म की तरह ही गणित और विज्ञान में भी एक अव्वल देश रहा है और आज फिर सारी दुनिया के मानचित्र पर अपनी एक अलग पहचान अंकित कर रहा है। आईटी यानी सूचना प्रौद्योगिकी में तो उसका कोई जवाब ही नहीं है और आज इस क्षेत्र में भारत दुनिया में एक महाशक्ति सरीखा बन गया है। सारा संसार आज यह मानने लगा है कि भारतीयों के पास मेधा और प्रतिभा की कोई कमी नहीं है और उन्हें सही साधन मिल जाएँ तो वे वाकई बड़े असाधारण काम करके दिखा सकते हैं। हमारे देश में लंबे समय तक वैज्ञानिकों को एकदम साधनहीनता में अपना काम और खोजें करनी पड़ती थीं। लिहाजा वे विदेश गए और वहाँ उनके असाधारण आविष्कारों ने सारी दुनिया का ध्यान आकर्षित किया। हरगोविंद खुराना ऐसे ही भारतीय वैज्ञानित हैं जिन्होंने जैनेटिक्स यानी जीन-संरचना के लिहाज से सारी दुनिया में नए से नए अनुसंधान के द्वार खोल दिए। इसी तरह सुब्रह्मण्यन चंद्रशेखर ने ब्रह्मांड संरचना में ब्लैक होल की अपनी व्याख्या से सारी दुनिया के वैज्ञानिकों का ध्यान आकर्षित किया। इससे पहले भारत के ही एक महान जीनियस वैज्ञानिक डा. सत्येंद्रनाथ बोस को आइंस्टाइन के साथ काम करने का सौभाग्य मिला और स्वयं आइंस्टाइन उनकी प्रतिभा की कद्र करते थे।

भारत के पहले नोबेल पुरस्कार विजेता वैज्ञानिक रामन ने अपने रामन प्रभाव को सिद्ध करने के लिए प्रकाश किरणों के प्रभाव की व्याख्या जिन उपकरणों के सहारे की, वे कोई असाधारण उपकरण नहीं थे। बहुत मामूली उपकरणों के सहारे किए गए गहन अन्वेषण से उन्होंने एक असाधारण सिद्धांत सामने रखा, जिसे सारी दुनिया के वैज्ञानिकों ने बड़े आदर से स्वीकार किया। यों महान भारतीय वैज्ञानिक रामन ने साबित किया कि बड़ी चीज साधन नहीं, बल्कि बड़ा विजन है और अगर वह है तो मामूली उपकरणों से भी बड़े काम लिए जा सकते हैं।

रामन एक वैज्ञानिक कॉनफ्रेंस में भाग लेने के लिए विदेश गए, तो वहाँ से पानी के जहाज में लौटते समय उनके मन में एक ही उधेड़बुन थी कि आखिर समुद्र में यह नीला रंग आता कहाँ से है? इस बारे में कुछ बड़े वैज्ञानिकों की व्याख्या उन्हें याद आ रही थी, जिसमें एक थीसिस तो यही थी कि समुद्र का नीलापन असल में आकाश की छाया है। इसी कारण समुद्र नीला दिखाई देता है। पर समुद्र के पानी के नीलेपन की यह व्याख्या उन्हें कुछ खास जम नहीं रही थी। तो फिर कहाँ से आता है समुद्र के पानी में यह नीलापन? यही उधेड़-बुन एक दिन उन्हें नोबेल पुरस्कार जैसी बड़ी उपलब्धि तक ले गई।

इसी तरह जगदीशचंद्र बसु की इस मान्यता का पहले खासा उपहास हुआ कि पेड़-पौधों और वनस्पतियों में भी प्राण और संवेदना होती है। पर उन्होंने वैज्ञानिक उपकरणों के जरिए इसे साबित कर दिखाया और आज सभी वैज्ञानिक इसे मानते हैं। असाधारण प्रतिभाशाली वैज्ञानिक बसु ने ही रेडियो का भी आविष्कार किया था, पर वे उसे पेटेंट नहीं करवा सके थे, यह भी एक स्वीकृत तथ्य है। रसायनशास्त्र में प्रफुल्लचंद्र राय, नृतत्वविज्ञान में बीरबल साहनी और गणित में श्रीनिवास रामानुजन का काम और ख्याति भी निरंतर अंतर्राष्ट्रीय चर्चाओं में रही है।

इसी तरह डा. भाभा ने परमाणु ऊर्जा के बारे में कई दशक पहले गंभीरता से सोचना और बड़ी योजनाओं पर काम करना शुरू कर दिया था। देखा जाए तो भारत के महाशक्ति बनने में उसकी बड़ी भूमिका है। डा. भाभा ने ही सबसे पहले भारत का यह संदेश सारी दुनिया में फैलाया कि परमाणु ऊर्जा का शांतिपूर्ण और विकास-कार्यों में सदुपयोग हो, तो हमारी इस दुनिया की शक्ल बदल सकती है और घर-घर में खुशहाली आ सकती है। इसी कारण नेहरू जी डा. भाभा की इतनी प्रशंसा करते थे। उन्होंने डा. भाभा से कहा था कि उन्हें जिस भी चीज की जरूरत हो, उसके लिए सरकारी तंत्र और अफसरों को मुँह जोहने की बजाय, वे सीधा उनसे कहें। और डा. भाभा भी अपने काम में इतने डूबे हुए थे कि सारी दुनिया पर उनकी प्रतिभा का आतंक सा था। यहाँ तक कि नेहरू जी ने उनसे मंत्री-पद स्वीकार करने के लिए कहा, तो उन्होंने साफ इनकार करते हुए कहा कि मैं एक वैज्ञानिक के रूप में ही देश की ज्यादा अच्छी सेवा कर पाऊँगा। वे इतने बड़े और पहुँचे हुए वैज्ञानिक थे कि उनके लिए मंत्री-पद का कोई अर्थ नहीं था।

डा. भाभा के असमय और दुर्भाग्यपूर्ण निधन के बाद भारत के जिन वैज्ञानिकों ने इस महादेश को विश्व के वैज्ञानिक परिदृश्य पर तेजी से उभरने और अपनी जगह बनाने में मदद की, उनमें विक्रम साराभाई का नाम बहुत महत्वपूर्ण है।

उन्होंने अंतरिक्ष-अनुसंधान के लिए इसरो जैसा संगठन खड़ा किया, जो भारत के अंतरिक्ष अनुसंधान में नासा सरीखा महत्व हासिल कर चुका है। यही कारण है कि आज भारत चांद पर अपना यान भेज सका और आगे इस क्षेत्र में इतनी बड़ी और महत्वाकांक्षी योजनाओं पर काम कर रहा है कि उम्मीद है, कुछ ही वर्षों में भारत की गिनती इस क्षेत्र के अग्रणी वैज्ञानिक प्रतिभा-संपन्न देशों में होने लगेगी।

इसी तरह डा. शांतिस्वरूप भटनागर ने भारत में विज्ञान के सहारे औद्योगिक प्रगति का जो सपना देखा था, उसने सचमुच एक क्रांति ही कर दी। सामाजिक विकास और मनुष्य की सुख-समृद्धि के लिहाज से विज्ञान के उपयोगों पर नए सिरे से गंभीरता से विचार हुआ और हमारा देश कई मामलों में एक आत्मनिर्भर और शक्तिशाली देश बना। बेशक विज्ञान की यह भूमिका अभी खत्म नहीं हुई और इस दिशा में एक बड़ा लक्ष्य और बड़ी चुनौतियाँ हमारे सामने हैं और उम्मीद है, हमारे देश के वैज्ञानिक यहाँ भी अपनी मंजिल हासिल करेंगे। इस लिहाज से हमारे कई संस्थान तो अपने निरंतर शोधों और सक्रियता से अंतर्राष्ट्रीय प्रसिद्धि हासिल कर चुके हैं। इसी तरह पक्षीविज्ञान में सालिम अली, भूगर्भविज्ञान में डा. दाराशा नौशेरवा वाडिया और खगोलविज्ञान में वेणु बप्पू का काम किसी परिचय का मोहताज नहीं है। भारत के पूर्व-राष्ट्रपति डॉ. ए.पी. जे. अब्दुल कलाम ने भी अपने नए विजन से भारत को विश्व विज्ञानपटल पर फिर से पूरे गौरव के साथ स्थापित किया है।

अगर भारत के प्राचीन वैज्ञानिक विकास की चर्चा करें, तो अपने महान ऋषि-विज्ञानियों की उपलब्धियों पर शायद इससे भी अधिक अचरज होता है। सबसे अधिक आश्चर्य की बात तो यह है कि भारत के प्राचीन ऋषियों और वैज्ञानिकों को बिना किसी विशेष साधन के हमारे शरीर, ब्रह्मांड, ग्रह-तारामंडल और अंतरिक्ष के बारे में इतनी अधिक और सटीक जानकारी थी कि आज के वैज्ञानिक भी उससे बहुत कुछ सीख सकते हैं। उन्होंने सैकड़ों बरस पहले कितने श्रम और अध्यवसाय से इन जानकारियों को इकट्ठा किया और उसका सूक्ष्म विश्लेषण और परख करके अगली पीढ़ियों को सौंपा, यह खुद ही साबित कर देता है कि उस दौर के हमारे ऋषियों और विज्ञानियों में ज्ञान के अर्जन की कितनी तीव्र भूख थी और वे मानो रात-दिन किसी तपस्या की तरह सृष्टि के रहस्यों को जानने में जुटे थे। इस लिहाज से पीढ़ी-दर-पीढ़ी उनकी खोज से सचमुच मानव-अस्तित्व और सृष्टि के ऐसे भेद खुले, जिनसे मानव-सभ्यता का तेजी से विकास हुआ। उदाहरण के लिए पहले यह समझा जाता था कि राहु और केतु के ग्रसने से सूर्य और चंद्र-ग्रहण पड़ते हैं। पर फिर आर्यभट सरीखे हमारे प्राचीन वैज्ञानिकों ने

ही इस अंधविश्वास की कलई उतार दी और उसकी पूरी तरह वैज्ञानिक व्याख्या की कि सूर्य और चंद्रमा के बीच पृथ्वी के आ जाने पर चंद्रग्रहण पड़ता है। इसी तरह सूर्यग्रहण की व्याख्या उन्होंने की, जिसे आज सभी वैज्ञानिक एकमत से स्वीकार करते हैं। इस तरह वैज्ञानिक विकास के साथ-साथ सदियों से हमारे साथ चिपके हुए भ्रम और अंधविश्वास दूर हुए और नए-नए वैज्ञानिक उपकरण बने, जिनसे हमारा जीवन सुखी और सुविधासंपन्न बना।

भारत के प्राचीन वैज्ञानिकों में मेधातिथि संभवतः सबसे पुराने ऋषि हैं, जिन्हें बहुत बड़ी संख्या तक गिनती यानी अंकगणित की आश्चर्यजनक जानकारी थी। वे ईंटों और गायों की गिनती करते हुए परार्ध तक पहुँच जाते हैं, जिसका अर्थ है- 1012। सारी दुनिया में उस समय लोग एक लाख यानी 105 से बढ़कर गिनती नहीं कर सकते थे, पर वेदों के भारतीय रचनाकार अपने गहन चिंतन से इस क्षेत्र में काफी दूर तक जा पहुँचे थे और उनकी उपलब्धियाँ आज भी हमें चकित करती हैं। इसी तरह पतंजलि ने योग की जिस अनोखी अवधारणा को प्रस्तुत किया, वह पूरी तरह वैज्ञानिक है और शरीर विज्ञान की बहुत गहरी समझ से निकली है। यही कारण है कि हजारों बरस बीत जाने पर भी उसका महत्व कम नहीं हुआ। यहाँ तक कि आज की आधुनिक संस्कृति में जब आदमी की भाग-दौड़ बहुत अधिक बढ़ गई है, पतंजलि के योग का महत्व कहीं जान पड़ता है। अगर हम अपनी ऊर्जा को केंद्रित करें, तो दुनिया के बड़े से बड़े काम बड़ी सहजता से कर सकते हैं। इस लिहाज से योग आध्यात्मिक उन्नति में तो सहायक है ही, हमें अपने सभी कार्यों को सुचारु रूप से करने और अपने जीवन को व्यवस्थित करने में भी काफी मददगार है। यही वजह है कि सिर्फ भारत में ही नहीं, बल्कि पश्चिमी दुनिया में भी आज भारतीय योग की दुंदुभि बज रही है। इक्कीसवीं सदी में भी सारी दुनिया प्राणायाम और योग सीखने के लिए बहुत उत्सुक नजर आती है, ताकि हम अपने रोजमर्रा के जीवन के तनावों से मुक्ति पा सकें और आनंदपूर्ण जीवन जिएँ।

प्राचीन भारत के ऋषि-विज्ञानियों ने निरंतर चिंतन-मनन और आत्म-मंथन करते हुए सृष्टि और ब्रह्मांड की रचना के बारे में जो सिद्धांत खोजे, उनका भी बड़ा महत्व है। भारत के पुराने ऋषियों में कणाद बड़े अद्भुत चिंतक थे जिन्होंने कण-सिद्धांत से सृष्टि की अनोखी व्याख्या की थी। सच पूछा जाए, तो कणाद उस परमाणुवाद के आदि आचार्य हैं जिसकी आज इक्कीसवीं सदी में भी तूती बोल रही है और इस दिशा में नई से नई खोजें अब भी जारी हैं।

इसी तरह चिकित्साविज्ञान में भारत प्राचीनकाल से ही बहुत बढ़ा-चढ़ा था और ऐसी शल्यक्रियाएँ उस समय की जाती थीं, जिनके बारे में सोचकर हैरानी होती है। इन्हीं में आदमी के मस्तिष्क का ऑपरेशन तथा प्लास्टिक सर्जरी सरीखे आपरेशन भी हैं। इसके अलावा मनुष्य के शरीर की संरचना के बारे में उस काल के वैज्ञानिकों को असाधारण जानकारी थी। यहाँ तक कि मनुष्य के पाचन और श्वसन-तंत्र, रक्त के संचरण और शरीर में हड्डियों की कुल संख्या के बारे में भी काफी कुछ ठीक-ठीक जानकारी उस समय थी। उसके लिए अपने बहुत सामान्य से दिखते औजारों से उन्हें शरीर का विच्छेदन करना पड़ता होगा। पर वे इसलिए कामयाब हुए कि उनकी दृष्टि पूरी तरह वैज्ञानिक थी और हर क्षण कुछ नया खोजने की उनकी शानदार धुन का कोई अंत नहीं था।

इस लिहाज से जीवक, चरक और सुश्रुत भारतीय चिकित्साविज्ञान के ऐसे उज्ज्वल हीरे हैं जिनके जोड़ की प्रतिभाएँ दुनिया में शायद ही कहीं और नजर आएँ। पर इन तीनों ही महान चिकित्साविज्ञानियों का आदर्श था मानव सेवा, जिससे पता चलता है कि भारतीय जीवन-दृष्टि औरों से कितनी अलग है और यहाँ विज्ञान भी कोरी भौतिक उन्नति के लिए नहीं है। बल्कि वह भी नैतिक मूल्यों से प्रेरित है और मनुष्य की आध्यात्मिक उन्नति में सहायक है। आगे चलकर नागार्जुन, वाग्भट्ट, माधवकर, द्रधबल, वृंद और भावमिश्र सरीखे अद्‌भुत कीमियागरों और महान चिकित्साविज्ञानियों ने इस परंपरा को बहुत आगे बढ़ाया और दुनिया के कई देशों में भारतीय ज्ञान-विज्ञान की यह संपदा पहुँची। वहाँ के वैज्ञानिकों ने बड़ी कृतज्ञता से भारत के इस ऋण को स्वीकार किया है।

भारत सदियों पहले विज्ञान में कितना बढ़ा-चढ़ा था, यह इसी से जाना जा सकता है कि सूर्य, चंद्र, पृथ्वी, अंतरिक्ष आदि के बारे में आर्यभट ने अपने समय में जो स्थपनाएँ दी थीं, वे आज भी हमें चकित करती हैं। वे अपने समय से इतना आगे सोच रहे थे कि न सिर्फ उनके समकालीनों, बल्कि उनके बाद आने वाले बहुत से वैज्ञानिकों ने भी उनका विरोध किया। आर्यभट की यह स्थापना कि सूर्य पृथ्वी की परिक्रमा नहीं करता, बल्कि पृथ्वी सूर्य के चारों ओर चक्कर लगाती है, किसी को जँच नहीं रही थी। वराहमिहिर सरीखे बड़े वैज्ञानिक भी यह मानने को तैयार नहीं थे कि पृथ्वी स्थिर नहीं है और वह सूर्य की निरंतर परिक्रमा करती है। उन्होंने इस अवधारणा का मजाक उड़ाया था। पर आर्यभट सही थे और अपने समय के हिसाब से उनके विचार कितने क्रांतिकारी थे, आज सारी दुनिया के वैज्ञानिक यह स्वीकार करते हैं। इसी तरह वराहमिहिर, ब्रह्मगुप्त

और भास्कराचार्य सरीखे विज्ञानियों ने विज्ञान के साथ-साथ गणित को लेकर जो आश्चर्यजनक खोजें कीं, वे चकित करती हैं। अंकगणित के साथ-साथ रेखागणित और बीजगणित का उनका ज्ञान और असाधारण पांडित्य हैरान कर देने वाला है। बीजगणित की तरह ही त्रिकोणमिति या ट्रिग्नोमैट्री को जन्म देने वाला देश हभी भारत ही है, जिसके 'ज्या' जैसे शब्द ही आगे चलकर 'साइन' में बदल गए। इस दिशा में भारत के महान योगदान को संसार के प्रमुख गणितज्ञ स्वीकार करते हैं। इसी तरह शून्य का आविष्कार भारत की ऐसी खोज है, जिसने विज्ञान और गणित में आधुनिकतम खोजों के द्वार खोल दिए। अगर शून्य का आविष्कार न होता, तो यह तय है कि आज हम कंप्यूटर का भी उपयोग न कर पा रहे होते। इसलिए कि कंप्यूटर की तकनीकी भाषा में शून्य ही एक बड़ा घटक है जिससे वह चीजों को अपनी मैमोरी में दर्ज करता है तथा उनकी पहचान करता है।

यही नहीं, बल्कि जीवन के हर क्षेत्र में विशेषज्ञता हासिल करने में भारत के वैज्ञानिक काफी बढ़े-चढ़े थे। प्राचीन काल में घोड़ों का बहुत इस्तेमाल होता है और राजाओं की अश्वशाला में हजारों की संख्या में घोड़े होते थे। शालिहोत्र ने घोड़ों के स्वभाव, अच्छी किस्म के घोड़ों की परख और उसकी बीमारियों के बारे में अद्‌भुत जानकारी अपने ग्रंथ में दी है। इसी तरह भोज नरहरि ने भारत के अत्यंत विशाल पानी के जहाजों, उनकी विभिन्न उन्नत किस्मों, उनकी बनावट और उसमें स्तेमाल होने वाली लकड़ी और अन्य चीजों के बारे में इतनी सटीक वैज्ञानिक जानकारी दी है कि उसे पढ़कर दाँतों तले उँगली दबा लेनी पड़ती है। इसे पढ़कर समझ में आता है कि इस क्षेत्र में भी भारत ने प्राचीन काल में ही एक बड़ी उपलब्धि और विशेषज्ञता हासिल कर ली थी और वह दुनिया के दूसरे देशों से बहुत आगे था। जाने-माने विश्व-यात्री मार्को पोलो ने भी भारत के पानी के विशाल जहाजों और उनके जरिए होने वाले व्यापार का जिक्र किया है।

इस पुस्तक में भारत के ऐसे ही 51 युग-प्रवर्तक वैज्ञानिकों के जीवन और उनके महान योगदान के बारे में बताया गया है, जिसे पढ़कर बाल और किशोर पाठकों को अपने देश की महान वैज्ञानिक परंपरा के बारे में पता चलेगा। साथ ही खुद उनके भीतर भी इस क्षेत्र में आगे आकर कुछ नया कर गुजरने का सपना और एक नया हौसला पैदा होगा। पाठकों के पत्रों का इंतजार रहेगा।

– प्रकाश मनु

क्रम

1

मेधातिथि

प्राचीन विज्ञान के गौरव-शिखर

(1500 ई.पू.)

भारत के प्राचीनतम वैज्ञानिक चिंतकों में मेधातिथि का नाम बड़े सम्मान से लिया जाता है। मेधातिथि प्राचीन काल के ऋषि थे, जिनके द्वारा रची गई ऋचाएँ ऋग्वेद, यजुर्वेद तथा अथर्ववेद में मिलती हैं। यों तो इन वैदिक ऋचाओं में ईश्वर और देवताओं की स्तुति की गई है। पर मुख्य बात यह है कि मेधातिथि की बहुत सी ऋचाएँ ऐसी हैं, जिनसे पता चलता है कि उन्हें अंकगणित की खासी जानकारी थी।

प्राचीन भारत में अंकगणित की ये अद्‌भुत ऋचाएँ ही हैं, जिनसे पता चलता है कि उस काल में भी भारत ज्ञान-विज्ञान में कितना आगे था। आज एक से दस खरब तक लिखने की जो भारतीय पद्धति है, वैदिक काल में मेधातिथि न सिर्फ उसका खूबसूरत इस्तेमाल कर रहे थे, बल्कि उसके आधार पर सुंदर काव्य-रचना भी कर पा रहे थे। इस लिहाज से मेधातिथि को 'भारतीय गणित या अंकों का प्रथम अन्वेषक' कहा जा सकता है।

यजुर्वेद में मेधातिथि के नाम से एक श्लोक दिया गया है जिसमें ईंटों के जरिए गिनती की गई है। इस श्लोक में अंकों के खेल या गिनती का आनंद निराला है। संख्याओं के सहारे सीढ़ी-दर-सीढ़ी ऊपर चढ़ना, यानी दस के गुणनफल वाली इस गिनती या पहाड़े के कारण यह श्लोक निश्चित रूप से विलक्षण कहा जा सकता है। प्रार्थना के इस सुंदर श्लोक का भाव यह है—

"हे अग्निदेव, ये ईंटें मेरी दुधारू गाय के समान हैं। एक और दस, शत (100), एक सहस्त्र (1000), एक अयुत (10000), एक नियुत (100000), एक प्रयुत (1000000), एक अर्बुद (10000000) एक नियारबुद (100000000), एक समुद्र (1000000000), एक मध्य (10000000000)और अंत (100000000000), प्रारर्ध (1000000000000) हो जाएँ। ये ईंटें इस संसार और अगले संसार में भी मेरी अपनी दुधारू गाय हो जाएँ।"

इससे पता चलता है कि मेधातिथि को शून्य की जानकारी थी। वे अच्छी तरह जानते थे कि एक-एक शून्य बढ़ने से संख्या का मान बढ़ता जाता है। बढ़ते-बढ़ते वे संख्या को दस खरब यानी एक प्रारर्ध तक ले गए थे। वैज्ञानिक शब्दाबली में लिखें तो एक प्रारर्ध का मतलब होगा, दस की घात बारह, यानी एक प्रारर्ध = 1012। संसार भर में कहीं भी लोग उस समय इतनी बड़ी गिनती से परिचत नहीं थे। वे हजार, दस हजार या एक लाख तक तो गिन सकते थे, पर इससे अधिक नहीं। यानी अधिक से अधिक 105 तक संसार के गणितज्ञ परिचित थे, जबकि भारत के वैदिक ऋषि और गणितज्ञ मेधातिथि 1012 तक गिनती खूब अच्छी तरह कर रहे थे।

हाँ, मेधातिथि और उनके समय की यह सीमा तो अवश्य है कि इतनी बड़ी संख्याओं को अंकों में लिखने की विधि उस समय प्रचलन में नहीं आई थी। छोटी संख्याओं को तो रेखाओं या कुछ और संकेतों द्वारा लिख लिया जाता था, पर बड़ी संख्याएँ अभी शब्दों में ही लिखी जाती थीं। फिर भी मेधातिथि ने संख्याओं का इतना सही और सटीक इस्तेमाल अपने श्लोक में किया है कि उन्हें भारतीय गणित और अंकों का आविष्कारक कहना कुछ गलत न होगा। हजारों वर्ष पहले भारत ने अंकगणित में जो असाधारण सिद्धता हासिल की थी, मेधातिथि उसके सबसे प्राचीन गौरव-शिखर हैं।

2

पतंजलि

योग विद्या के महान आचार्य

(200 ई.पू.)

पतंजलि योग-विद्या के महान आविष्कारक थे। इस रूप में उनकी कीर्ति अमर है और निरंतर बढ़ती ही जाती है। हालाँकि पतंजलि से पहले भी वेद तथा उपनिषदों में योग के बारे में चर्चा या सूत्र मिलते हैं, पर योग के बारे में संपूर्ण भारतीय चिंतन और ज्ञान के सार को एक जगह, एक पुस्तक में सामने लाने का अभूतपूर्व काम पतंजलि ने ही किया। यही नहीं, बल्कि योग के बारे में उपनिषदों तथा अन्य प्राचीन ग्रंथों में इधर-उधर बिखरे सूत्रों को संपूर्ण रूप में सामने लाकर पतंजलि ने अपने योग-ग्रंथ को ऐसी संपूर्णता दी कि कोई बाईस सदियाँ गुजर जाने पर भी, आज तक उसकी प्रासंगिकता कम नहीं हुई।

योग के संबंध में पतंजलि की सबसे महत्वपूर्ण खोज यह है कि मनुष्य के मस्तिष्क की शांति का उसकी श्वसन-क्रिया यानी साँस लेने से सीधा संबंध है। हम अकसर देखते हैं कि मनुष्य जब शांत होता है, उसकी साँस सम गति से चल रही होती है। पर गुस्से या आवेश के क्षणों में साँस की गति भी बदल जाती है और उसमें भी तीव्रता, असंतुलन और क्षोभ प्रकट होने लगता है। लिहाजा पतंजलि के योग-दर्शन की सबसे महत्वपूर्ण स्थापना यह है कि यदि मनुष्य की साँस को नियंत्रित कर लिया जाए, तो इससे उसके मन की दशा बदल सकती है। और मन की दशा अच्छी हो जाए, तो इससे मनुष्य के स्वास्थ्य पर भी अच्छा असर पड़ता है। अर्थात योग द्वारा मनुष्य बिना किसी बाहरी औषधि या चिकित्सा के

भी, स्वास्थ्य-लाभ कर सकता है। यही नहीं, बल्कि योग के द्वारा श्वसन गति को नियंत्रित करके मनुष्य धीरे-धीरे ऊँची से ऊँची भावदशा की ओर उठता जाता है और अंततः ईश्वर को पा लेता है या सच्ची आध्यात्मिक अनुभूति ग्रहण करता है।

पतंजलि के अनुसार मनुष्य के मन या मस्तिष्क की इस स्थिति को तालाब के उदाहरण से समझाया जा सकता है। जैसे हवा तालाब के पानी के साथ छेड़-छाड़ करती है, ऐसे ही मन में कई अनावश्यक विचार उठते हैं। फिर उन विचारों के घात-प्रतिघात से एक के बाद एक नए-नए विचार जन्म लेते रहते हैं। इन अनावश्यक विचारों को रोककर मन की शक्तियों को अगर ध्यान में एकाग्र किया जाए, तो तालाब के नीचे शांत जल में पड़े मोती की तरह हम ईश्वर और सच्चे ईश्वरीय ज्ञान को पा सकते हैं।

योग के बारे में पतंजलि का यह दर्शन आज हमें इसलिए अधिक लुभाता है, क्योंकि सुख-सुविधाओं की दौड़ में फँसा आज का आदमी अपने मन की शांति गँवा बैठा है। यह शांति बाहरी साधनों या औषधियों से हासिल नहीं हो सकती। इसे तो योग के द्वारा हम अपने भीतर ही हासिल कर सकते हैं। इस लिहाज से पतंजलि आज भी हमारे गुरु और पथ-प्रदर्शक हैं।

इसके अलावा पतंजलि का एक बड़ा काम था चरक के ग्रंथ चरक संहिता पर भाष्य की रचना करना। आज भी पतंजलि के इस काम को बड़ा सम्मान हासिल है, जिससे चरक के चिकित्सा संबंधी विचार और अधिक स्पष्ट रूप में हमारे सामने आ सके।

3

शालिहोत्र

प्राचीन काल के विश्वप्रसिद्ध पशु-चिकित्सक

(800 ई.पू.)

भारत के प्राचीन चिकित्सा विज्ञानियों में शालिहोत्र का नाम भी खास जाना-पहचाना है। शालिहोत्र की खासियत यह थी कि वे अपने समय के जाने-माने पशु-चिकित्सक थे। खासकर घोड़ों और उनके रोगों के बारे में उनकी जानकारी इतनी विलक्षण और संपूर्ण है कि आज भी दुनिया भर में शालिहोत्र के ग्रंथ का बड़े सम्मान से उल्लेख किया जाता है।

यह बात आज विचित्र लग सकती है। पर सच यह है कि आज की तुलना में प्राचीन काल में पशुओं की चिकित्सा के बारे में हमारी जानकारी कहीं अधिक विकसित थी। शायद इसलिए कि घोड़े-हाथी हों या दूसरे पशु, वे मनुष्य के लिए उपयोगी तो थे ही, साथ ही मनुष्य का उनके साथ एक किस्म का रागात्मक संबंध भी था। आज मशीन युग में वह संबंध बिला गया है। इसलिए पहले मनुष्य पशुओं या उनके रोगों आदि के बारे में जितनी चिंता करता था या जितने अपनापे से भरकर सोचता था, वैसा आज नहीं है। लिहाजा पशु-चिकित्सा आज पिछड़ती जा रही है। उनके बारे में सामान्य लोगों की जानकारी भी आज पहले से कम है। इस लिहाज से शालिहोत्र और उनके ग्रंथ का महत्व कहीं अधिक बढ़ जाता है।

शालिहोत्र के जीवन के बारे में आज हमारे पास अधिक जानकारी नहीं है। कहा जाता है कि वे एक ब्राह्मण मुनि हयघोष के पुत्र थे और श्रावस्ती में रहते थे। वे सुश्रुत और अग्निवेश के समकालीन कहे जाते हैं। इस लिहाज से शालिहोत्र ईसा-पूर्व आठवीं शताब्दी में, यानी आज से कोई 2800 वर्ष पूर्व हुए।

शलिहोत्र का घोड़ों के संबंध में ज्ञान इतना अपूर्व था कि दूर-दूर तक उनकी ख्याति फैल गई थी। घोड़ों के रोगों और उन्हें स्वस्थ रखने के तौर-तरीकों का विस्तृत वर्णन उन्होंने अपनी पुस्तक 'हय आयुर्वेद' में किया है। इस पुस्तक की इतनी ख्याति हुई कि देखते ही देखते शालिहोत्र का नाम भारत के एक कोने से दूसरे कोने तक छा गया। यहाँ तक कि विदेशों में भी उनका नाम और कीर्ति पहुँची। उनके ग्रंथ 'हय आयुर्वेद' को 'तुरंगम् शास्त्र' या 'शालिहोत्र संहिता' भी कहा जाता है।

इस विशाल ग्रंथ में 1200 श्लोक हैं, जिनमें घोड़े की जाति-प्रजातियाँ, नस्ल, उम्र आदि का वर्णन है तथा घोड़े को स्वस्थ बनाने तथा बेलगाम घोड़े को साधने के तौर-तरीकों के बारे में भी रोचक ढंग से बताया गया है। घोड़ा खरीदते समय क्या-क्या सावधानियाँ बरतनी चाहिए तथा किन-किन चीजों का खास ध्यान रखना चाहिए, इसके बारे में भी शालिहोत्र एक अनुभवी पथ-प्रदर्शक की तरह हमें काम की बातें बताते चलते हैं। इस लिहाज से शालिहोत्र का ग्रंथ 'हय आयुर्वेद' भारतीय संस्कृति और चिकित्सा-जगत में एक अलग जगह रखता है। भारत में वैज्ञानिक दृष्टि कितनी विकसित थी, इसकी यह एक मिसाल है।

यह कोई कम गौरव की बात नहीं कि 'हय आयुर्वेद' को आज अपनी रचना के कोई 2800 वर्ष बाद भी घोड़े की चिकित्सा के बारे में एक आदर्श या प्रामाणिक ग्रंथ माना जाता है। फारसी, अरबी तथा अंग्रेजी भाषा में इसका अनुवाद हो चुका है। समय के साथ-साथ शालिहोत्र की कीर्ति बढ़ती ही जाती है। इससे उनके अध्ययन की गहराई और पूर्णता का पता चलता है।

4

कणाद

भारतीय परमाणुवाद के जनक

(600 ई.पू.)

कणाद की गिनती संसार के सबसे प्राचीन वैज्ञानिक चिंतकों में होती है। उन्होंने 'कणवाद' या 'परमाणुवाद' के जरिए संसार की उत्पत्ति या रचना का अपना जो नया और अनूठा सिद्धांत दिया, उसकी पूर्णता आज भी चकित करती है। आज जब पदार्थ के छोटे-छोटे अविभाज्य परमाणुओं से बने होने का सिद्धांत सारे संसार में प्रचलित और मान्य है, कणाद का महत्व कहीं अधिक बढ़ जाता है। संसार भर में उन्हें परमाणु-सिद्धांत के 'आदि जनक' और आचार्य के रूप में याद किया जाता है।

यों कणाद उन चिंतकों में से थे, जिनके लिए अध्यात्म-दर्शन या विज्ञान के बीच कोई दीवार या विभाजक रेखा नहीं थी। कणाद मूलतः तो एक दार्शनिक ही थे। कहा जाता है कि वे उलूक मुनि के पुत्र थे और ईसा पूर्व छठी शताब्दी में जनमे थे। प्रसिद्ध आचार्य सोमशर्मा के शिष्य कणाद साधु का जीवन जीते थे, पर वे किसी से भिक्षा नहीं माँगते थे। इसकी बजाय राह में पड़े कणों को बीन-बीनकर इकट्ठा करते थे और उन्हीं से काम चलाते थे। यों भोजन कण इकट्ठे करने के कारण ही उनका नाम कणाद पड़ा।

कणाद के पास आज के वैज्ञानिकों जैसे कोई साधन न थे। सिर्फ अपने बुद्धिबल से ही वे सृष्टि की मूल संरचना का पता लगाने में कामयाब हुए। इस तरह उन्होंने ऐसा सिद्धांत दिया जो आज भी अपने आप में काफी पूर्ण लगता है। इसी के कारण कणाद एक साथ भारत के महानतम दार्शनिक और वैज्ञानिक भी कहे जाते हैं।

कणाद का कहना है कि संसार की हर चीज परमाणुओं से बनी हुई है। परमाणु क्या हैं? इस पर विचार करते हुए वे कहते हैं कि परमाणु किसी पदार्थ का वह छोटे से छोटा कण है, जिसे और अधिक विभाजित नहीं किया जा सकता। किसी पदार्थ के परमाणु में उस पदार्थ के सभी गुण, लक्षण आदि होते हैं। पर परमाणु को ज्ञानेंद्रियों से देखा या अनुभव नहीं किया जा सकता। ये परमाणु अकसर दो-दो के जोड़े बना लेते हैं। फिर ये जोड़े भी आपस में मिलते हैं और यों पदार्थ की रचना होती है, जिसे हम अपनी आँखों से देख सकते हैं या हाथों से छू और टटोल सकते हैं तथा महसूस कर सकते हैं।

कणाद ने पदार्थ को नौ तत्वों में बाँटा है। ये हैं—क्षिति, जल, तेज, वायु, आकाश, काल, दिक्, मन और आत्मा। इनमें क्षिति, जल और वायु में सारे ठोस, तरल तथा गैस के रूप में मौजूद पदार्थ आ जाते हैं। कणाद ने सभी पदार्थों के अलग-अलग गुणों की बात की है। रंग, स्वाद, गंध, स्पर्श आदि के लिहाज से सभी पदार्थ अलग-अलग होते हैं। पर एक वर्ग के पदार्थों में कुछ सामान्य गुण-धर्म भी होते हैं। इसे सामान्यता कहते हैं। यों हर पदार्थ में सामान्यता के साथ-साथ अपनी एक अलग विशिष्टता भी होती है।

कणाद का यह भी कहना था कि अकसर तेज ऊष्मा या ताप दिए जाने पर पदार्थ के परमाणुओं में परिर्वतन आ जाता है या उसके रूप-गुण बदल जाते हैं। पदार्थों के इस रासायनिक परिवर्तन को वे 'पाक' शब्द से संबोधित करते हैं, जिसका अर्थ है पकाना। इसका उदाहरण देते हुए कणाद कहते हैं कि मिट्टी के कच्चे बरतन को जब आग पर पकाया जाता है तो इसका रंग ही नहीं, और गुण भी बदल जाते हैं। कच्चे आम को जब गरम कपड़े में लपेटकर रखा जाता है, तो इसका रंग, स्वाद आदि बदल जाता है। यह मूलतः परमाणुओं की अंतः क्रिया या बदलाव के कारण होता है।

कणाद की तरह यूनानी दर्शन में भी ब्रह्मांड के इस परमाणु रूप या कण-सिद्धांत को लेकर विचार प्रकट किए गए। न्यूसिफस और डिमोक्रिट्स ने संसार की रचना का अपना परमाणु सिद्धांत सामने रखा, पर उसमें कणाद जैसी पूर्णता नहीं थी। संसार के वैज्ञानिक और दार्शनिक इस मामले में कणाद को ही दुनिया की संरचना के परमाणु सिद्धांत का 'आदि जनक' मानते हैं, जिनके अपार बुद्धिबल का आज हमें कायल होना पड़ता है।

सच तो यह है कि कणाद इस मानी में एक मयार की तरह हैं कि उन्हें पढ़कर पता चलता है कि प्राचीन काल में भारत वैज्ञानिक सिद्धांतों और स्थापनाओं में किस ऊँचाई और संपूर्णता तक पहुँच गया था।

5

जीवक

प्राचीन भारत के महान चिकित्साविज्ञानी

(500 ई.पू.)

भारत के महान चिकित्सा विज्ञानियों में जीवक की भी गिनती होती है। सच तो यह है कि वे इनमें सबसे अलग नजर आते हैं। असाधारण योग्यता और गुणों के कारण पूरे भारत में उनका इतना नाम फैला कि बड़े से बड़ा राजा और धनी व्यक्ति भी इस बात के लिए तरसते थे कि जीवक उनका इलाज करें। जबकि जीवक इतने अधिक व्यस्त रहते थे कि हर समय उन्हें यहाँ से वहाँ दौड़ना पड़ता था। धनी लोगों से उन्हें खासी राशि भी मिलती थी, पर गरीब और साधारण जनता से वे अधिक पैसे नहीं लेते थे। जीवक के इलाज का ढंग भी अनोखा और अचूक था, जिसके बारे में इतनी कथाएँ चल निकलीं हैं कि आज हम उन्हें सुन-सुनकर हैरान होते हैं।

जीवक का जन्म आज से कोई ढाई हजार साल पहले राजगृह (राजगीर) में हुआ था। राजगृह मगध राज्य की राजधानी था। जीवक को राजगृह की एक गणिका शाल्वती ने जन्म दिया था। जन्म के बाद मिट्टी के ढेर पर उसे फिंकवा दिया गया। राजा बिंबसार के पुत्र राजकुमार अभय को यह पता चला, तो उसने जीवक का पालन-पोषण करवाया।

बड़े होने पर जीवक को अपने जन्म के बारे में पता चला, तो उसे बेहद दुख हुआ। उसने निश्चय किया, "मैं कुछ बनकर दिखाऊँगा, जिससे कोई मुझ पर हँसें नहीं। बड़े से बड़े लोग भी मेरी इज्जत करें।"

एक दिन जीवक बिना राजकुमार को बताए महल से निकला और लंबी यात्रा करने के बाद तक्षशिला जा पहुँचा। तक्षशिला उस समय विद्या का बहुत बड़ा केंद्र था। वहाँ उसने कई वर्षों तक चिकित्साविज्ञान का गहरा अध्ययन किया। एक दिन उसके गुरु ने कहा, "लो, यह फावड़ा ले लो। चारों ओर घूमकर आओ। ऐसी कोई वनस्पति लेकर आओ, जिसका चिकित्साविज्ञान में कोई उपयोग न होता हो।"

जीवक फावड़ा लेकर चला। दूर-दूर तक भटका, पर उसे एक भी ऐसा पौधा न दिखाई दिया, जिसका कोई उपयोग न होता हो। उसने लौटकर गुरु को यह बताया, तो उन्होंने कहा, "जाओ, अब तुम इसे क्षेत्र में सचमुच निपुण हो गए हो।"

गुरु ने जीवक को कुछ धन भी दिया, जिससे वे अपने घर राजगृह लौट सकें। पर अयोध्या पहुँचते-पहुँचते वह धन समाप्त हो गया। जीवक चिंता में पड़े, अब घर कैसे पहुँचेंगे ? तभी उन्होंने सुना कि एक धनी व्यक्ति की पत्नी बीमार है। बड़े से बड़े चिकित्सकों ने इलाज किया, पर कोई सफल नहीं हो पाया। जीवक भी वहाँ जा पहुँचे। उन्होंने थोड़े घी में औषधियाँ मिलाईं, खूब पकाने के बाद ठंडा करके वह घी रोगी स्त्री की नाक में डाला। थोड़ी ही देर में उस स्त्री ने घी को मुँह से थूक दिया। शाम होते-होते वह पूरी तरह स्वस्थ हो गई।

एक चिकित्सक के रूप में जीवक की यह पहली बड़ी सफलता थी, जिससे उनका यश दूर-दूर तक फैला। काफी धन भी उन्हें मिला। अब वे आराम से राजगृह पहुँच गए। वहाँ उन्हें राजा बिंबसार के रोग का पता चला। वे भगंदर रोग से पीड़ित थे। जीवक ने एक बार औषधि लगाकर ही रोग का इलाज कर दिया। पर अवंति के राजा चंद्र प्रद्योत के मामले में अनोखा किस्सा हुआ। हुआ यह कि उनके रोग के इलाज के लिए औषधि में घी मिलाना जरूरी था, पर राजा घी से चिढ़ते थे। हारकर जीवक ने अनोखा तरीका निकाला। उन्होंने सेवक को बुलाकर राजा को कुछ देर बाद दवा देने के लिए कहा और खुद राजा के हाथी पर बैठकर दूर निकल गए। जब तक राजा को औषधि में घी मिले होने का पता चलता, जीवक मीलों दूर जा पहुँचे थे। गुस्से में राजा ने जीवक को पकड़कर लाने के लिए कहा। सैनिक दौड़ाए गए। पर इस बीच राजा का रोग ठीक हो गया, तो उन्होंने अपना पहला आदेश वापस लेने के लिए दूसरा सैनिक भेजा। उसके हाथ उलटे जीवक के लिए पुरस्कार भिजवाया।

इसी तरह शल्य चिकित्सा को लेकर भी जीवक का दूर-दूर तक नाम था। राजगृह में एक व्यापारी के सिर में भयंकर दर्द था। सभी चिकित्सकों ने उसे कह दिया था कि तुम्हारा रोग लाइलाज है, अब जल्दी ही तुम्हारी मृत्यु हो जाएगी। पर जब वह जीवक के पास गया, तो उन्होंने सिर की शल्य-क्रिया करके उसे बिल्कुल ठीक कर दिया। इसी तरह एक रोगी के पेट की आँतें उलझ गई थीं। जीवक ने उसके पेट पर चीरा लगाया। आँतों को बाहर निकालकर सुलझाया। फिर उन्हें ठीक तरह से रखकर, त्वचा को सी दिया और मरहम लगा दी। कुछ समय बाद घाव ठीक हो गया और उस आदमी का कष्ट भी दूर हो गया।

इसी तरह जीवक ने कई बार बुद्ध के रोग का इलाज करके उन्हें आराम पहुँचाया। एक बार चट्टान की किरच से बुद्ध के पैर में काफी चोट आ गई। जीवक ने औषधि लगातर पट्टी बाँध दी। फिर वे दूसरे रोगियों को देखने चले गए। उन्होंने सोचा था कि बाद में सही समय पर आकर वे पट्टी खोल देंगे। पर उन्हें आने में देर हो गई। रात हो जाने के कारण नगर के द्वार बंद हो चुके थे और वे नगर में प्रवेश नहीं कर पाए।

जीवक मन ही मन अकुला रहे थे कि पैर में बँधी पट्टी के कारण महात्मा बुद्ध को कितनी परेशानी हो रही होगी। पर बुद्ध ने मानो जीवक के मन की बात पढ़ ली। उन्होंने खुद ही पट्टी उतार दी। सुबह आकर जीवक ने यह देखा तो चकित होकर बोले, ''अरे, आपको मेरे मन की बात कैसे पता चली?''

बुद्ध मुसकराए। बोले, ''जब रोगी और चिकित्सक का मन अलग-अलग न रहकर एक हो जाए, तो ऐसा होता है!''

सचमुच जीवक ने बुद्ध के उपदेशों को अपने जीवन में उतार लिया था। असंख्य रोगियों को कष्ट से मुक्ति देकर उन्होंने इस संसार के दुख को कम करने में ही अपना सारा जीवन लगा दिया। साथ ही जीवक इस लिहाज से आदर्श थे कि उन्हें पढ़कर समझा जा सकता है कि एक अच्छे चिकित्सक को किस कदर सजग, संवेदनशील और दूसरों के सुख-दुख से गहरे जुड़ा होना चाहिए।

बगैर सेवा और त्याग के कोई अच्छा चिकित्सक नहीं हो सकता। इसीलिए जन्म के कोई ढाई हजार साल बाद भी जीवक हमें याद आते हैं और आज भी हम आदर से उनके आगे सिर नवाते हैं।

6

चरक

प्राचीन भारत के महान चिकित्साविज्ञानी

(500 ई.पू.)

चरक एक महान चिकित्साविज्ञानी थे। भारत के प्राचीन चिकित्सा विज्ञानियों में बड़े आदर से उनका नाम लिया जाता है। उनकी चिकित्सा संबंधी पुस्तक 'चरक संहिता' को आज भी बड़ा सम्मान प्राप्त है। इसका महत्व इसी से समझ में आता है कि पतंजलि ने इसकी टीका लिखी थी। पतंजलि ईसा से कोई दो सौ साल पहले हुए थे। इससे पता चलता है कि चरक ईसा से कई शताब्दी पहले हुए थे।

'चरक संहिता' एक बड़ा ग्रंथ है। इससे प्राचीन काल के चिकित्साशास्त्र की हमें सही और विस्तृत जानकारी मिलती है। इससे यह अनुमान लगाना मुश्किल नहीं है कि उस दौर में भारतीय चिकित्साविज्ञान कितना बढ़ा-चढ़ा था और उसमें निरंतर नई खोजें करने का उत्साह था, जिससे मनुष्य के जीवन को सुखी और निरोग बनाया जा सके।

इसके अलावा 'चरक संहिता' से हमें यह भी पता चलता है कि उस समय के चिकित्सक के आदर्श क्या थे। 'चरक संहिता' में चिकित्सक के आदर्शों की चर्चा करते हुए लिखा गया है कि उसे झूठ नहीं बोलना चाहिए। अंहकाररहित होना चाहिए। अपनी रोजी की परवाह किए बिना रोगी को राहत पहुँचाने का हर संभव प्रयत्न करना चाहिए। साथ ही यह भी कहा गया है कि रोगी को देखने जाते समय चिकित्सक का ध्यान केवल रोगी पर रहे, घर की दूसरी चीजों पर वह

ध्यान न दे। एक अच्छे चिकित्सक की विशेषता यह भी बताई गई कि उसे अपने ज्ञान की डींग नहीं हाँकनी चाहिए!

चरक ने अपनी पुस्तक में मनुष्य की शरीर-रचना के बारे में बहुत सी बातें बताई हैं। आज चिकित्साविज्ञान के बारे में हमारा ज्ञान काफी बढ़ गया है। अनेक तकनीकी साधन और सूक्ष्म उपकरण आज के वैज्ञानिकों को हासिल हैं, जिनसे नित नई खाजें हो रही हैं। पर यह देखकर आश्चर्य होता है कि आज से कोई दो हजार साल पहले, जब चिकित्सा के मामूली साधन और उपकरण भी नहीं थे, चरक ने कैसे मनुष्य की शरीर-रचना के बारे में इतनी बातें बता दीं। और इतनी सही बता दीं।

इसी तरह चरक के चिकित्सा-ग्रंथ में वनस्पतियों के बारे में भी बड़ी अद्‌भुत जानकारी है। मनुष्य के रोगों को दूर करने में वे मुख्य रूप से वनस्पतियों की ही मदद लेते हैं। उन्होंने उन्हें अलग-अलग समूहों में बाँटकर, उनके गुणों और विशेषताओं का विस्तार से वर्णन किया है। यह वर्णन इतना अनोखा है कि चरक के गहरे अध्ययन और खोजों का आज भी हमें कायल होना पड़ता है। साथ ही इससे यह भी पता चलता है कि प्राचीन चिकित्साविज्ञान प्रकृति के एकदम नजदीक था। उसमें प्रकृति के अनुपम वरदानों का इस्तेमाल था। इसीलिए उसे एक मानी में प्राकृतिक चिकित्साविज्ञान भी कह सकते हैं।

इसके अलावा चरक के इस ग्रंथ का महत्व आज इसलिए भी है कि इससे उस समय के मनुष्य की आदतों, रहन-सहन, वेशभूषा आदि के बारे में कई रोचक बातें पता चलीं। इससे उस काल की संस्कृति की एक सही और प्रामाणिक छवि हमारी आँखों के आगे उभरती है।

आज भी प्राचीन भारतीय चिकित्साविज्ञान के बारे में कोई बात उठती है, तो चरक का नाम लिए बगैर पूरी नहीं होती। वे भारतीय चिकित्साविज्ञान के सबसे बड़े आदर्श थे और बने रहेंगे। चरक को पढ़कर जाना जा सकता है कि किसी चिकित्सक का ऊँचा आदर्श क्या है? अगर वह मानव-सेवा के उच्च आदर्श को भूल जाता है, तो अपनी सारी निपुणता और तकनीकी कौशल के बावजूद वह अच्छा चिकित्सक तो नहीं कहला सकता। चरक को याद करते ही मानो भारतीय चिकित्साविज्ञान का पूरा गौरवपूर्ण इतिहास आँखों के सामने आ जाता है। इसी से समझ में आता है कि भारतीय चिकित्साविज्ञान में चरक का योगदान कितना बड़ा और अनूठा है।

7

सुश्रुत

प्राचीन भारत के महान शल्यविज्ञानी

(600 ई.पू.)

सुश्रुत भारत के महान शल्यविज्ञानी थे। प्राचीन भारत में शल्य चिकित्सा के क्षेत्र में जितनी कीर्ति सुश्रुत को मिली, उतनी शायद किसी और को नहीं। बल्कि सच तो यह है कि प्राचीन काल में भारत शल्य चिकित्सा की किस ऊँचाई तक पहुँचा था, इसका परख और पहचान सुश्रुत से होती है।

खास बात यह है कि सुश्रुत जितने अच्छे चिकित्सक थे, उतने ही अच्छे अध्यापक भी थे। वे बड़े धैर्य के साथ अपने विद्यार्थियों को मनुष्य की शरीर-रचना की बारीकियाँ समझाते हुए, उन्हें शल्य चिकित्सा के बारे में बताते थे। फिर उन्हें शल्य चिकित्सा सिखाते भी थे। इसका भी एक अनोखा तरीका उन्होंने ढूँढ़ निकाला था। पहले वे कुछ खास सब्जियों, पानी से भरे चमड़े के थैलों आदि पर चीरा लगाना सिखाते थे। नकली जानवरों के शरीर पर पट्टी बाँधना सिखाते थे। फिर धीरे-धीरे विद्यार्थियों की प्रतिभा से संतष्ट होकर, उन्हें मनुष्य शरीर पर शल्य चिकित्सा करने की इजाजत देते थे।

सुश्रुत ने ऐसी कई शल्य चिकित्साएँ कीं, जिनके बारे में सुनकर आज भी हम चकित हो उठते हैं। शरीर के किसी अंग को काटना, चीरा लगाना, हड्डी को जोड़ना, नाक की प्लास्टिक सर्जरी करना, मोतियाबिंद का ऑपरेशन तथा ऑपरेशन करके मूत्राशय से पथरी निकालना भी ऐसे ऑपरेशन हैं जो आज भले ही खास न समझे जाते हों, पर सुश्रुत के काल में इनका होना किसी अजूबे से कम नहीं लगता।

कटी हुई नाक की जगह नई नाक कैसे लगाई जाए, इसका सुश्रुत ने इतना लंबा और एक-एक क्षण का इतना सजीव वर्णन किया है कि लगता है हम किसी शल्य चिकित्सक को अपनी आँख के सामने किसी के शरीर पर नाक जोड़ते देख रहे हैं। और फिर यही नहीं, जरूरत होने पर नाक को लंबा करने और फिर काटकर छोटा करने का कौशल भी सुश्रुत के पास था। इससे मालूम पड़ता है कि मनुष्य-शरीर की रचना के बारे में उनकी जानकारी तो अद्भुत थी ही, शल्य चिकित्सा का उनका व्यावहारिक ज्ञान भी कमाल का था। वे इस मामले में अपने युग में ही नहीं, बल्कि आने वाले अनेक युगों तक महाज्ञानी, यानी उस्तादों के उस्ताद माने गए। इसके पीछे बेशक उनके व्यावहारिक अनुभवों की सिद्धता भी थी, जिससे उन्होंने शल्य-चिकित्सा को अकल्पनीय ऊँचाई दी।

इसी तरह सुश्रुत मनुष्य के पेट का ऑपरेशन भी करते थे। आँतों में घाव हो जाने पर उन्हें फिर से जोड़ने के लिए उन्होंने एक अनोखा तरीका निकाला। वे आँतों के सिरों को एक-दूसरे के निकट लाकर बड़ी चींटियों को वहाँ छोड़ देते थे। ये चींटियाँ आँतों के सिरों को काटती थीं और उन्हें मजबूती से जकड़ लेती थीं। तब सुश्रुत चींटियों के शरीर को काट देते थे। इससे चींटियाँ शरीर को नुकसान नहीं पहुँचा पाती थीं और आँतें मजबूती से जुड़ जाती थीं, जैसे मजबूत हुकों से उन्हें बाँध दिया गया हो। इसकी बजाय धागे या और किसी चीज से आँतों को बाँधा जाए, तो वे सिकुड़ जाती हैं। इस कारण सुश्रुत ने यह अनोखा तरीका निकाला जिसे आज भी शल्य चिकित्सा में कहीं-कहीं इस्तेमाल किया जाता है।

इसके अलावा सुश्रुत ने इस बात का भी बहुत विस्तार से वर्णन किया कि ऋतुओं का मनुष्य-शरीर पर कैसा प्रभाव पड़ता है तथा किस ऋतु में क्या सावधानी रखनी चाहिए या किन-किन सब्जियों आदि का इस्तेमाल करना चाहिए। विभिन्न दिशाओं से आने वाली वायु का मनुष्य-शरीर पर कैसा प्रभाव पड़ता है, इसका भी सुश्रुत ने रोचक वर्णन किया है। सुश्रुत ने वनस्पतियों तथा जंतु-जगत का भी उनके सामान्य गुणों के आधार पर अलग-अलग श्रेणियों में विभाजन किया है।

यह सुश्रुत के गंभीर अध्ययन का प्रमाण ही है कि उनकी अधिकतर बातें आज भी सही लगती हैं। उनकी कुछ बातें आज भले ही अधूरी या गलत साबित हो जाएँ, पर इससे इतना तो पता चल ही जाता है कि बहुत सीमित और एकदम मामूली उपकरणों के बावजूद, उनमें अपार प्रतिभा थी। उन्होंने केवल यंत्रों से ही नहीं, दिमाग से भी यंत्रों का काम लिया। इससे उन्होंने जो ज्ञान हासिल किया और अनोखी खोजें कीं, वे आगे सदियों तक मनुष्यों को प्रेरणा देती रहेंगी।

8

आर्यभट

भारत के महान गणितज्ञ और विद्वान

(476 ई.)

प्राचीन भारत के महान विद्वानों में आर्यभट की गिनती होती है। वे बहुत बड़े गणितज्ञ तो थे ही, काल को नापने की अपनी अनोखी विधि भी उन्होंने ईजाद की। इसी तरह चंद्रग्रहण के बारे में कही जाने वाली बहुत सी कपोलकल्पित बातों का खंडन करके, उन्होंने उसकी तर्कपूर्ण वैज्ञानिक व्याख्या की। इससे बहुत से लोग आर्यभट के विरोधी हो गए। पर वैज्ञानिक सत्य की खोज में जुटे आर्यभट ने इसकी बिल्कुल परवाह नहीं की और वही कहा जो उन्हें ठीक लगा। यही वजह है कि प्राचीन भारत के महान वैज्ञानिकों और गणितज्ञों में उनकी गिनती होती है।

आर्यभट का जन्म आज से कोई डेढ़ हजार साल पहले हुआ था। उनके जन्म-स्थान को लेकर मतभेद है। कुछ लोगों का कहना है कि उनका जन्म कुसुमपुर में हुआ था, जबकि कुछ अन्य विद्वान उनका जन्मस्थल पाटलिपुत्र मानते हैं।

आर्यभट के समय को देखते हुए, उनके विचार खासे क्रांतिकारी जान पड़ते हैं। वे एकदम खरे चिंतक, तर्कशात्री और वैज्ञानिक थे और अपने समय के अन्य वैज्ञानिकों से बहुत आगे थे। आर्यभट के विचार और स्थापनाएँ उनके लिखे ग्रंथों में हैं। उन्होंने कुल तीन ग्रंथों की रचना की थी, 'आर्यभटीय', 'दवा-देशिका सूत्र' तथा 'आर्याष्ट शत'। इनमें 'आर्यभटीय' में आर्या छंद में दस श्लोक हैं। 'दश-देशिका सूत्र' में उन्होंने अपनी गणना-प्रणाा‍ली के बारे में बताया है। तीसरे ग्रंथ 'आर्याष्ट शत' में 108 श्लोक हैं, जिनमें गणित, भूगोल तथा समय नापने की विधि का वर्णन है।

आर्यभट जितने बड़े गणितज्ञ और ज्योतिषाचार्य थे, उतने ही बड़े वैज्ञानिक भी थे। चंद्रग्रहण के बारे में अभी तक यह कहा जाता था कि राहु के ग्रस लेने के कारण चंद्रमा को ग्रहण लगता है। पर आर्यभट ने इसे मानने से इनकार किया। उन्होंने अत्यंत तार्किक ढंग से चंद्रग्रहण की व्याख्या करते हुए कहा कि सूर्य और चंद्रमा के बीच पृथ्वी के आ जाने से सूर्य का प्रकाश चंदमा तक नहीं पहुँच पाता। इसलिए चंद्रग्रहण पड़ता है। आज से डेढ़ हजार वर्ष पहले उन्होंने इस वैज्ञानिक सत्य को जान लिया था और उसे बड़े साहस से कहा था। कहा जा सकता है कि चंद्रग्रहण की उनकी व्याख्या पूरी तरह वैज्ञानिक थी और उससे पता चलता है कि प्राचीन काल में भारत वैज्ञानिक शोध में सचमुच विश्वगुरु था।

आर्यभट अच्छी तरह जानते थे कि चंद्रमा के पास अपना प्रकाश नहीं है। वह सूर्य के प्रकाश से ही चमकता है। इसी तरह सूर्य के कारण ही पृथ्वी पर दिन-रात होते हैं और ऋतुएँ अदलती-बदलती रहती हैं, इस सत्य को भी उन्होंने अंतरिक्ष के अपने वैज्ञानिक अध्ययन से जान लिया था और अत्यंत प्रभावशाली ढंग से व्यक्त भी किया था।

कहा जा सकता है, इस मामले में आर्यभट अपने समय से बहुत आगे थे। एक ऐसे समय में जबकि ग्रहों की स्थिति आदि के अध्ययन के लिए साधन हमारे पास बहुत अधिक नहीं थे और सिर्फ अपनी आँखों से ही सब कुछ देखना जाँचना होता था, आर्यभट की अत्यंत वैज्ञानिक स्थापनाएँ चकित और चमत्कृत करती हैं।

आश्चर्य इस बात का है कि आर्यभट के बाद इस क्षेत्र में काम करने वाले विद्वानों ने उनकी इन वैज्ञानिक स्थापनाओं को आगे बढ़ाने की बजाय, पीछे लौटना पसंद किया। यही नहीं, उलटे उन्होंने आर्यभट की निंदा की। आर्यभट के कोई सौ वर्ष बाद जनमे वराहमिहिर और ब्रह्मगुप्त ने आर्यभट के चंद्रग्रहण संबंधी सिद्धांत की कटु आलोचना और निंदा की। उनका कहना था कि आर्यभट ने चंद्रग्रहण की अपनी नई स्थापना करके, भारतीय परंपरा और मिथकों का अपमान किया।

सच तो यह है कि चंद्रग्रहण के बारे में आर्यभट की स्थापनाओं से पंडे, पुरोहित नाराज थे। लिहाजा वराहमिहिर और ब्रह्मगुप्त जैसे ज्ञानी लोग भी उनसे आतंकित होकर सच्ची बात कहने का साहस न कर सके। जबकि आर्यभट सच्चे सत्य-खोजी वैज्ञानिक थे, जिन्होंने सिर्फ सच्चाई की नींव पकड़ी और पंडे और पुरोहितों की परवाह नहीं की।

पर यही साहस आर्यभट को कहीं अधिक बड़ा और महान वैज्ञानिक साबित करता है। आज हम जानते हैं कि आर्यभट सही थे और अपने बरसों बाद जन्म लेने वालो विद्वानों से भी बहुत आगे तक सोच रहे थे। इससे इस महान सत्यखोजी वैज्ञानिक के लिए हमारे मन में सम्मान कहीं अधिक बढ़ जाता है।

9

खन

प्राचीन भारत की अद्‌भुत महिला वैज्ञानिक

(500 ई.)

प्राचीन काल में भारतीय विज्ञान के विकास में महिलाओं ने भी योगदान दिया, भले ही उनकी संख्या बहुत अधिक नहीं है। खन उन्हीं प्रतिभाशाली महिला वैज्ञानिकों में से एक थीं। दुर्भाग्य से खन के जीवन के बारे में बहुत अधिक जानकारी आज हमें हासिल नहीं है, पर उनके द्वारा रची गई बहुत सुंदर सूक्तियाँ आज हमें मिलती हैं, जिनसे उनकी प्रतिभा का परिचय मिलता है। खन की ज्यादातर सूक्तियाँ खेती को लेकर हैं और वे बंगाल की धरती पर कहीं अधिक खरी उतरती हैं। इसी से अनुमान लगाया गया कि वे बंगाल की रही होंगी। संभवत: खन छठी शताब्दी में मौजूद थीं।

खन की अधिकतर सूक्तियाँ खेती को लेकर हैं और वे इतनी सटीक और प्रामाणिक हैं कि आज भी उनसे बहुत कुछ सीखा जा सकता है। मसलन उनका कहना है कि सबसे अच्छी खेती वह है, जिसमें परिवार के लोग मिलकर खेती करते हैं। दूसरों से करवाई गई खेती से फसल आधी-अधूरी मिलती है। इसी तरह वर्षा को लेकर उन्होंने बहुत पते की बातें कहीं। कब वर्षा का होना अच्छा है और कब नहीं, इसे लेकर वे कहती हैं कि अग्रहायण में वर्षा हो तो राजा तक को भीख माँगनी पड़ती है। इसी तरह उनका कहना है कि यदि आषाढ़ के कृष्ण पक्ष

में नवें दिन बहुत अधिक वर्षा हो, तो सारस को समुद्र की तली पर चलना होगा, यानी भयंकर सूखा पड़ेगा। पर यदि इस दिन हलकी बूँदा-बाँदी हो, तो साल भर इतनी अधिक वर्षा होती रहेगी कि मछलियाँ पहाड़ों की चोटियों पर जा बसेंगी।

जमीन की जुताई तथा फसल की बुआई को लेकर भी खन ने बड़े काम की बातें कहीं हैं। उनका कहना है कि मूली के लिए जमीन की दस बार जुताई की जानी चाहिए, ताकि जमीन रुई सी मुलायम हो जाए। पर पान के लिए जुताई की बिल्कुल जरूरत नहीं है। पूर्णमासी या अमावस्या के दिन हल चलाने को खन अच्छा नहीं मानती थीं। उनका कहना कहना था कि इससे घर में अशांति होती है, यहाँ तक कि सर्वनाश तक हो सकता है।

खन का कहना है कि धान को आषाढ़ में बोना चाहिए, सावन या भादों में नहीं। मटर को आश्विन-कार्तिक में तथा सरसों को शरद ऋतु के अंत में बोना चाहिए। उनकी किसानों को सलाह है कि उन्हें चौसर का खेल छोड़कर वैशाख और जेठ में हलदी बोनी चाहिए तथा आषाढ़ और सावन में मिट्टी की निराई करनी चाहिए, जिससे वह पूरी तरह खेती लायक हो जाए।

खन का बात कहने का अंदाज निराला है और उसमें एक नई ही भंगिमा है, जिससे उनकी सूक्तियाँ जन-जन के हृदय का हार हो गईं। आज भी लोग बात-बात में उनका उल्लेख करते हैं। खन की विनोद-वृत्ति भी इन सूक्तियों से पता चलती हैं। मसलन एक जगह वे कहती हैं कि सावन में पान लगाने से इतनी अधिक पैदावार होगी कि रावण भी उन्हें नहीं चबा सकता!

जाहिर है, खन की बातों में खेती का उपयोगी ज्ञान ही नहीं, गहरी सूझ-बूझ, काव्य-कला और कर्मठता का वह पाठ भी है जिसके पीछे कहीं न कहीं एक आदर्श किसान-जीवन की कल्पना भी छिपी हुई है। इसलिए खन की कही बातों को आज भी इतने प्रेम से याद किया जाता है।

10

वराहमिहिर

खगोलविज्ञान के महान आचार्य

(499 ई.)

वराहमिहिर प्राचीन भारत के महान खगोलविद थे, जिनकी प्रतिभा और ज्ञान का आज भी हमें लोहा मानना पड़ता है। आज गणित ज्योतिष और फलित ज्योतिष के बारे में हमारी जो जानकारी है, उसके लिए खगोलशास्त्र के अन्य विद्वानों के साथ-साथ हम वराहमिहिर के भी ऋणी हैं।

वराहमिहिर का जन्म पाँचवीं शताब्दी के अंत में उज्जयिनी नगर में हुआ था। उनके पिता का नाम था आदित्यदास। वराहमिहिर बहुत धुनी और अध्ययनप्रिय थे। जल्दी ही उनकी विद्वत्ता की कीर्ति चारों ओर छा गई। उन्होंने खगोल से संबंधित अपनी स्थापनाएँ सामने रखीं, जिनसे उनकी गहरी सूझ-बूझ का पता चलता है।

वराहमिहिर ने साफ शब्दों में कहा कि पृथ्वी गोलाकार है। लेकिन गोले में हमें कोई स्थान ऊँचा, कोई नीचा जान पड़ा है। तो क्या पृथ्वी पर भी कोई स्थान ऊँचा, कोई नीचा है? वराहमिहिर इस सवाल का जवाब बहुत खूबसूरती से देते हैं। उनका कहना था कि पृथ्वी पर रहने वाले लोगों में न कोई ऊँचा है, न नीचा। वे कदंब वृक्ष की शाखाओं का उदाहरण देते हुए कहते हैं कि कदंब वृक्ष की किसी शाखा पर हर तरफ फूल खिले होते हैं। हमें वे ऊपर-नीचे जान पड़ते हैं, पर डाल के संदर्भ में देखें, तो सच यह है कि हर फूल डाल के ऊपर खिला है। ठीक यही हालत पृथ्वी पर रहने वाले जीवों की है। वे सभी पृथ्वी के ऊपर हैं

और उन सभी का अपना आकाश है। इसलिए वे ऊँचे-नीचे नहीं, बल्कि एक ही धरातल पर हैं।

वराहमिहिर की यह बात पूरी तरह ठीक है। पर पृथ्वी और अन्य ग्रहों की गतियों को लेकर उनसे एक बड़ी भूल भी हुई। असल में वराहमिहिर पृथ्वी को स्थिर मानते थे। उनका कहना था कि पृथ्वी स्थिर है तथा सूर्य, चंद्रमा तथा अन्य ग्रह उसकी परिक्रमा करते हैं। पृथ्वी में गति है या वह घूमती है, इसे वराहमिहिर स्वीकार नहीं कर पाते थे। उनका इस बारे में बड़ा अजीब सा तर्क था कि अगर पृथ्वी घूमती होती, तो वह पक्षी जो पश्चिम की ओर उड़ा है, तुरंत अपने घोंसले में वापस न आ पाता। वे यह नहीं समझ सके थे कि पृथ्वी घूमती है तो उसके गुरुत्वाकर्षण से बँधा वह पक्षी भी तो साथ ही साथ घूमता है तथा पृथ्वी के संदर्भ में उसकी स्थिति एक समान या स्थिर रहती है।

वराहमिहिर की कीर्ति का एक बड़ा आधार उनका प्रसिद्ध ग्रंथ 'पंचसिद्धांत' है। यह भारतीय खगोलशास्त्र का अत्यंत रोचक और महान ग्रंथ है। इस ग्रंथ में वराहमिहिर ने उस समय के खगोल के पाँच प्रमुख सिद्धांतों पोलिश, रोमक, वसिष्ठ, सूर्य तथा पितामह सिद्धांतों के बारे में बड़ी विद्वत्तापूर्ण जानकारी दी है। इनमें सूर्य सिद्धांत को ही सबसे अधिक मान्यता मिल सकी है। वराहमिहिर ने सूर्य सिद्धांत के बारे में आर्यभट्ट के विचारों में ही थोड़ा संशोधन करके इसे नया रूप दिया।

वराहमिहिर की एक खासियत यह थी कि वह बहुत पढ़े-लिखे थे। उन्होंने खगोल के पोलिश और रोमक नाम के जिन सिद्धांतों की चर्चा की है,वे सिकंदरिया और रोम के खगोल सिद्धांतों पर आधारित कहे जा सकते हैं। इस तरह वराहमिहिर पर साफ तौर से यूनानी प्रभाव भी था। एक स्थान पर उन्होंने इस बात की बड़ी प्रशंसा भी की है कि यूनानी लोगों में और दोष भले ही हों, पर वे विज्ञान में पारंगत होते हैं।

'पंचसिद्धांत' के अलावा वराहमिहिर की एक प्रमुख कृति है, 'बृहद् संहिता'। इसके एक खंड में उन्होंने खेती के बारे में बड़ी उपयोगी और काम की बातें लिखी हैं। अच्छे फल-फूल लगाने के लिए खाद के महत्व को भी उन्होंने माना है। साथ ही पौधे कैसे लगाए जाएँ तथा इसमें किस-किस तरह की सावधानियाँ रखी जानी चाहिए, इस बारे में वराहमिहिर ने बड़ी रोचक बातें लिखी हैं। उन्होंने यह भी कहा कि अगर पौधों को हम ध्यान से देखें तो आगे आने वाले सूखे या वर्षा का भी अनुमान लगाया जा सकता है।

वराहमिहिर की सारी बातें आज हमें ठीक नहीं लगतीं। यहाँ तक कि उनसे कोई सौ साल पहले जन्मे आर्यभट पृथ्वी के निरंतर अपनी कीली पर घूमने की स्थापना कर चुके थे। वराहमिहिर ने इसका खंडन किया। पर आज हम जानते हैं कि वराहमिहिर नहीं, आर्यभट सही थे और वराहमिहिर उनकी स्थापनाओं को आगे बढ़ाने की बजाय, पीछे ले गए। फिर भी वराहमिहिर निश्चित रूप से विद्वान थे। उनके पास खगोलविज्ञान की गहरी सूझ-बूझ के साथ अनोखा पांडित्य था, जिससे आज भी बहुत कुछ सीखा जा सकता है।

11

ब्रह्मगुप्त

बीजगणित के महान आचार्य

(598 ई.)

ब्रह्मगुप्त की गिनती भारत के महान गणितज्ञों में होती है। खासकर शून्य के बारे में पहली बार इतनी साफ-साफ, तर्कसंगत और सही जानकारी देने वाले गणितज्ञ ब्रह्मगुप्त ही थे। विश्व के ज्ञान-विज्ञान में भारत का सबसे बड़ा योगदान शून्य की खोज है। इस शून्य की खोज करने वाले महान गणितज्ञों में ब्रह्मगुप्त सिरमौर थे।

ब्रह्मगुप्त का जन्म छठी शताब्दी के अंत में मुल्तान के निकट भिल्लमाल नगर में हुआ। उनके पिता का नाम था जिष्णु। जिस समय ब्रह्मगुप्त का जन्म हुआ, गुप्त साम्राज्य का पतन हो चुका था। लिहाजा ज्ञान-विज्ञान और संस्कृति के क्षेत्र में पहले जैसा उत्साह भरा वातावरण नहीं था। पर ब्रह्मगुप्त ने न सिर्फ खगोल और गणित के मूर्धन्य विद्वानों के ग्रंथों को गंभीरता से पढ़ा, बल्कि अपनी ओर से ज्ञान-विज्ञान की इस धारा में बहुत कुछ नया और मूल्यवान जोड़ा। ब्रह्मगुप्त द्वारा लिखे गए ग्रंथों में 'ब्राह्मस्फुट-सिद्धांत' सबसे प्रसिद्ध है। इस ग्रंथ में उन्होंने बीजगणित, अंकगणित, ज्यामिति और खगोल के बारे में बहुत रोचक और उपयोगी जानकारी दी है। शून्य की काफी पूर्ण अवधारणा के अलावा, बीजगणित के क्षेत्र में भी ब्रह्मगुप्त ने पहली बार इतना बड़ा और उल्लेखनीय काम कर दिखाया, जो उन्हें सिरमौर भारतीय गणितज्ञ का दर्जा दिलाने के लिए काफी है।

शून्य के बारे में ब्रह्मगुप्त की जानकारी आज हमें सबसे अधिक चकित करती हैं। इस बारे में उन्होंने अपने ग्रंथ 'ब्राह्मस्फुट सिद्धांत' के 'कुट्टकाध्याय' में लिखा है, जिसमें बीजगणित के बारे में जानकारी है। ब्रह्मगुप्त ने साफ शब्दों में कहा है कि शून्य को किसी ऋणात्मक संख्या से घटाने पर ऋण ही आता है। शून्य को किसी धनात्मक संख्या से घटाने पर धनात्मक संख्या ही मिलती है, जबकि शून्य को अगर शून्य से घटनाया जाए तो हमें शून्य ही मिलता है।

इसी तरह उनका कहना था कि शून्य को किसी ऋणात्मक या धनात्मक संख्या से गुणा किया जाए, तो परिणाम शून्य ही आता है। शून्य को शून्य से गुणा किया जाए, तो भी परिणाम शून्य ही आता है। पर किसी संख्या में शून्य का भाग दिया जाए तो परिणाम यह नहीं होता, बल्कि परिणाम अनंत हो जाता है। इसी तरह उन्होंने एक और काम की बात यह कही कि शून्य में शून्य से भाग दिया जाए तो परिणाम शून्य नहीं होता, बल्कि परिणाम में एक अनिर्धारित या अनिश्चित संख्या मिलती है। यह बात कम रोमांचक नहीं कि ब्रह्मगुप्त की इन स्थापनाओं के बाद कई सदियाँ गुजर जाने पर भी, गणित के बारे में आज हमारी जानकारी और खोजें उन्हें सही ठहराती हैं।

बीजगणित के बारे में ब्रह्मगुप्त का ज्ञान और विद्वता अपार है। उन्होंने साधारण और दो घात वाले समीकरणों को हल करने के जो नियम बताए, वे आज भी हमें चकित करते हैं। खास बात यह है कि बीजगणित के इस असाधारण ज्ञान का उपयोग ब्रह्मगुप्त ने गणित, ज्योतिष आदि में किया और इस तरह से इस क्षेत्र में एक अनोखी क्रांति पैदा कर दी। स्वयं ब्रह्मगुप्त बीजगणित के क्षेत्र में अपनी प्रतिभा और उसके महत्व को जानते थे, जिसके कारण वे अपने समय के शीर्षस्थ गणितज्ञ माने गए थे।

उन्होंने एक जगह बड़े रोचक और काव्यात्मक अंदाज में लिखा है, "जिस तरह सूर्य का प्रकाश तारों को धुँधला कर देता है, उसी तरह बीजगणित में निपुण कोई विद्वान सभा में दूसरे खगोल शास्त्रियों के तेज को कुंद कर देता है।"

आर्यभट और वराहमिहिर की तरह ब्रह्मगुप्त भी अच्छी तरह जानते थे कि पृथ्वी गोल आकर की है। अपने ग्रंथ में उन्होंने बड़े प्रभावशाली ढंग से इस बारे में लिखा भी है। ब्रह्मगुप्त ने कई प्राचीन ग्रंथों और पुराणों में लिखी इस बात को मानने से इनकार कर दिया कि पृथ्वी चपटी है। वे यह भी नहीं मानते थे कि पृथ्वी किसी प्याले की तरह भीतर से खोखली है। ब्रह्मगुप्त ने कहा कि अगर

हम विभिन्न स्थानों पर तारों की स्थितियाँ और उनके उगने तथा अस्त होने का अध्ययन करें, तो यह बात खुद-ब-खुद साबित हो जाती है कि पृथ्वी गोलाकार है। खगोल की सारी गणनाएँ इसी आधार पर सही साबित होती है।

जाहिर है, आर्यभट और वराहमिहिर की तरह ब्रह्मगुप्त भी यहाँ खगोल संबंधी एक महत्वपूर्ण विचार को तर्कपूर्ण ढंग से आगे बढ़ाते जान पड़ते हैं। पर ब्रह्मगुप्त की एक बड़ी सीमा भी थी। वराहमिहिर की तरह उन्होंने भी आर्यभट के इस विचार की कड़ी आलोचना की कि पृथ्वी अपनी कीली पर घूमती है। बल्कि ब्रह्मगुप्त ने इस कारण आर्यभट को परंपराविरोधी कहकर कठोर शब्दों में उनकी निंदा की। वे भी वराहमिहिर के इस तर्क को ही दोहराते हैं कि अगर पृथ्वी घूमती होती, तो अपने घोंसले से उड़कर गए परिंदे फिर कभी वापस अपने घर न आ पाते। पर आज हम जानते हैं कि ब्रह्मगुप्त की यह खोज अधूरी और गलत है। उनसे कोई सवा सौ साल पहले जनमे आर्यभट इस मामले में उनसे बहुत आगे तक सोच पा रहे थे।

ब्रह्मगुप्त ने आर्यभट के विचारों को आगे बढ़ाने की बजाय, उलटा पीछे लौटाने की कोशिश की। इसके पीछे हो सकता है, उस समय के प्रमुख पंडितों या ज्योतिषियों आदि का डर रहा हो, क्योंकि वे पृथ्वी को स्थिर और सूर्य को गतिशील मानकर ही सारी गणनाएँ करते थे। उन्हीं दिनों भारत में आए प्रमुख इतिहासकार और विश्व-यात्री अलबरुनी का भी यही मानना है कि शायद ब्रह्मगुप्त ने जो कहा, उसे वे मानते नहीं थे। अपने समय के ब्राह्मणों और ज्योतिषियों से डरकर उन्होंने सच बात नहीं कही थी।

फिर भी इस बारे में दो राय नहीं हो सकतीं कि ब्रह्मगुप्त भारत के महान गणितज्ञ थे। केवल भारत में ही नहीं, बल्कि दुनिया भर में उनकी इस महत्ता को स्वीकार किया गया। ब्रह्मगुप्त के प्रसिद्ध ग्रंथ 'ब्राह्मस्फुट सिद्धांत' को अरब में 'सिंध हिंद' नाम से पुकारा जाता था और उसे पढ़कर अरबवासियों ने खगोल के बारे में बहत सी नई बातें सीखी थीं।

12

वाग्भट्ट

प्राचीन भारत के महान चिकित्सक

(600 ई.)

प्राचीन भारतीय चिकित्सकों में आत्रेय और सुश्रुत की तरह वाग्भट्ट का नाम भी बड़े आदर से लिया जाता है। कहीं-कहीं आत्रेय, सुश्रुत और वाग्भट्ट का बृहद्-त्रयी के रूप में भी उल्लेख है। सच तो यह है कि भारतीय चिकित्साविज्ञान को पूर्णता तक पहुँचाने और उसे मनुष्य के लिए अधिकाधिक उपयोगी और सार्थक बनाने में वाग्भट्ट का बड़ा हाथ है। उनके बिना प्राचीन चिकित्साविज्ञान और उसकी ऊँचाइयों का अनुमान नहीं लगाया जा सकता है।

वाग्भट्ट का जन्म छठी शताब्दी के अंत में सिंध देश में हुआ था। इनके पिता का नाम था सिंहगुप्त। वाग्भट्ट को बचपन से ही चिकित्साविज्ञान में रुचि थी। उनके गुरु थे बौद्ध आचार्य अवलोकित। उन्हीं के मार्गदर्शन में वाग्भट्ट ने प्राचीन चिकित्सा-ग्रंथों का गंभीर अध्ययन शुरू किया और कुछ ही वर्षों में इस क्षेत्र के निपुण और पारंगत विद्वानों में उनकी गिनती होने लगी। वाग्भट्ट जन्म से वैदिक ब्राह्मण थे। पर आगे चलकर बौद्ध धर्म और महात्मा बुद्ध की शिक्षाओं का उन पर प्रभाव पड़ा। इसीलिए उनके ग्रंथ 'अष्टांग संग्रह' में जगह-जगह महात्मा बुद्ध की स्तुति है।

वाग्भट्ट की कीर्ति को अक्षय बनाने वाले उनके प्रसिद्ध ग्रंथ है, 'अष्टांग संग्रह' तथा 'अष्टांग हृदय संहिता'। कुछ लोगों का कहना है कि वाग्भट्ट एक

नहीं, दो हुए—यानी 'अष्टांग हृदय संहिता' के रचयिता वाग्भट्ट कोई और थे। पर दोनों ग्रंथों के ठीक एक जैसे नामों से यह नहीं लगता। फिर 'अष्टांग हृदय संहिता' में जिस उदारता से और बगैर रचनाकार का नाम लिए, अष्टांग संहिता के श्लोकों को उद्धृत किया गया है, उससे भी लगता है कि वाग्भट्ट दो नहीं, एक ही हैं। दोनों ग्रंथों की शैली में कुछ फर्क होने का कारण यह जान पड़ता है कि 'अष्टांग संग्रह' वाग्भट्ट की शुरुआती दौर की रचना है, जबकि बाद में चलकर अपने विचारों को उन्होंने कहीं अधिक प्रौढ़त्व और पूर्णता के साथ 'अष्टांग हृदय संहिता' में प्रकट किया।

पर कारण चाहे जो भी रहा हो, वाग्भट्ट का 'अष्टांग संग्रह' ग्रंथ ही अधिक चर्चा में रहा है। छह खंडों में विभाजित इस ग्रंथ में कुल 150 अध्याय हैं। शरीर और स्वास्थ्य से जुड़ा शायद ही कोई पहलू हो, जो वाग्भट्ट की पैनी नजरों से छूट गया हो। ग्रंथ में रोगों आदि का वर्णन और विवेचन ही नहीं, विषयों का वर्गीकरण भी एकदम वैज्ञानिक ढंग का है।

पहले खंड में जीवन और स्वास्थ्य की सजगता को लेकर सामान्य विवेचन अधिक है। रोजमर्रा के जीवन में काम आने वाली कई उपयोगी बातें इनमें हैं। लंबी आयु कैसे प्राप्त करें, विद्यार्थियों को चिकित्साशास्त्र किस तरह पढ़ाया जाए, तरह-तरह की साग-सब्जियों में कौन-कौन से गुण या अवगुण होते हैं, विष और बीमारियों आदि का कैसे पता लगाया जाए और उनसे कैसे बचा जाए, गरारे करना, शीतल लेप करके आँख के रोग को ठीक करना आदि बातों का इस खंड में बड़ा विस्तृत और रुचिकर शैली में वर्णन है।

दूसरे खंड में मानव शरीर-रचना के बारे में काफी विस्तार से वैज्ञानिक जानकारी दी गई है। तीसरे खंड में मधुमेह, फोड़े तथा त्वचा के रोगों के बारे में बताया गया है। जहाँ वाग्भट्ट रोगों के लक्षणों के बारे में विस्तार से बताते हैं, वहीं उनके निदान की भी पूरी जानकारी देते हैं। चौथा खंड निरेचन और वमन पर है, तो पाँचवें-छठे खंड में बच्चों के सही लालन-पालन आदि की जानकारी है।

'अष्टांग संग्रह' की तरह ही वाग्भट्ट का ग्रंथ 'अष्टांग हृदय संहिता' भी छह खंडों में विभाजित है तथा इसमें कुल मिलाकर 120 अध्याय हैं। इस ग्रंथ में वाग्भट्ट, धन्वंतरि, चरक, सुश्रुत आदि प्रसिद्ध चिकित्सा विज्ञानियों के मतों को विस्तार से उद्धृत करते हुए, स्वस्थ रहने के तौर-तरीकों के साथ-साथ रोचक शैली में आयुर्वेद की पूरी जानकारी देते हैं। खासकर चिकित्साशास्त्र के सिद्धांतों को उन्होंने बड़ी सहज शैली में समझाया है।

वाग्भट्ट की महत्ता इसी से समझी जा सकती है कि उनके बाद में आने वाले चिकित्साविज्ञानियों शारंगधर, चक्रपाणि दत्त तथा भावमिश्र ने बड़े आदर के साथ उनकी बातों का उल्लेख किया है। सच तो यह है कि प्राचीन भारतीय चिकित्साविज्ञान को मजबूत आधार देने वाले महान विज्ञानियों में वाग्भट्ट भी थे, जिनका महत्व दिनोंदिन बढ़ता ही जाता है।

13

माधवकर

भारत के प्राचीन चिकित्साशास्त्री

(900 ई.)

प्राचीन भारतीय चिकित्साशास्त्र में माधवकर का भी एक महत्वपूर्ण स्थान है। माधवकर का ही नाम माधवाचार्य या विद्यारण्य भी था। माधवकर की खासियत यह थी कि उन्हें रोग के निदान में खासी सिद्धि या प्रवीणता हासिल थी। इसीलिए उनके द्वारा रचे गए प्रसिद्ध ग्रंथ 'रुग्विनिश्छाया' को 'माधव-निदान' या 'निदान' नाम से भी जाना जाता है।

माधवकर का जन्म दक्षिण भारत के किष्किंधा नामक स्थान पर हुआ था, जिसे आजकल गोलकुंडा कहा जाता है। माधवकर के एक भाई सायण भी थे, जिन्होंने ऋग्वेद की सुंदर टीका लिखी थी। कहा जाता है कि माधवकर दक्षिण भारत के शक्तिशाली राज्य विजयनगर के मंत्री तथा पथ-प्रदर्शक थे। उन्होंने खगोल-दर्शन आदि पर भी किताबें लिखीं। वृद्धावस्था में वे साधु होकर समाज में पुनर्जागरण की लहर पैदा करने तथा समाज-सुधार में जुट गए।

माधवकर के चिकित्साशास्त्र की सबसे बड़ी खासियत यह है कि वह चिकित्सकीय आडंबर या विद्वत्ता-प्रदर्शन की बजाय लोक कल्याण की भावना पर अधिक आधारित है। माधवकर एक श्रेष्ठ चिकित्सक की तरह लोगों को स्वस्थ रहने या स्वास्थ्य की रक्षा करते रहने का मूल मंत्र बताकर, तरह-तरह के रोगों, उनके लक्षण तथा उन्हें दूर करने की विधियों की भी बड़े विस्तार से जानकारी देते हैं।

यह कम आश्चर्य की बात नहीं कि जहाँ अन्य चिकित्साविज्ञानी रोगों के निदान के बारे में थोड़ी सी जानकारी देकर आगे बढ़ जाते हैं, वहाँ माधवकर और उनके ग्रंथ का मूल लक्ष्य ही लोगों को सरल भाषा में रोग-निदान की जानकारी देना है। मोटे तौर से यह एक आदर्श चिकित्सक द्वारा लोगों को अपने स्वास्थ्य के प्रति सजग बने रहने के लिए चेताना है।

एक खास बात यह भी है कि चरक या सुश्रुत के ग्रंथों या चिकित्सा विधियों से तुलना की जाए, तो माधवकर के समय का चिकित्साविज्ञान निश्चित रूप से कहीं अधिक उन्नत माना जाएगा। कारण यह है कि इसमें पूर्व ग्रंथों के अच्छे अंशों और विशेषताओं को शामिल करने के साथ-साथ चिकित्साविज्ञान के क्षेत्र में निरंतर होते आए प्रयोगों, नई-नई खोजों और उपलब्धियों को भी शामिल कर लिया गया है। इस तरह इसमें जटिलता अपेक्षाकृत कम है तथा एक चिकित्सक का लोगों को सीधे-सीधे संबोधित करने का गुण कहीं अधिक प्रमुख है।

माधवकर के जीवन-काल के बारे में विचार करें तो इतना तो साफ तौर से कहा जा सकता है कि वे वाग्भट्ट के बाद हुए तथा द्रधबल और वृंद से पहले जनमे थे। यही कारण है कि वाग्भट्ट ने चरक और सुश्रुत का तो उल्लेख किया है, पर माधवकर का नहीं। इसी तरह माधवकर के ग्रंथों में द्रधबल और वृंद की चर्चा नहीं है। इस लिहाज से अनुमान लगाया जा सकता है कि शायद माधवकर नवीं या दसवीं शताब्दी में रहे होंगे।

माधवकर के ग्रंथ पर विजयरक्षित और श्रीकंठदत्त आदि विद्वानों ने टीकाएँ लिखीं। इससे भी भारतीय चिकित्साविज्ञान में उनके ऐतिहासिक महत्त्व का पता चलता है।

भारतीय चिकित्साविज्ञान के शोधकर्ता आज भी चिंतन की मौलिकता और कई बड़ी खासियतों के कारण इस विलक्षण संत और चिकित्साविज्ञानी का सम्मान सहित जिक्र करना नहीं भूलते।

14

द्रधबल

जिन्होंने चरक के काम को आगे बढ़ाया

(900 ई.)

भारत के प्राचीन विज्ञानियों में कश्मीरी वैज्ञानिक द्रधबल के नाम का भी आदर से उल्लेख किया जाता है। द्रधबल का चिकित्साशास्त्र का अध्ययन बेजोड़ है। अपने इस विपुल ज्ञान और अध्ययन का उपयोग उन्होंने अपने समय और उसकी जरूरतों के मुताबिक 'चरक संहिता' का संशोधन करके उसे नया, लोकप्रिय और कहीं अधिक प्रामाणिक रूप देने में किया।

द्रधबल अत्यंत मेधावी और प्रतिभाशाली वैज्ञानिक थे। उनके पिता का नाम था कपिबल। द्रधबल का जन्म ईसा की नौवीं शताब्दी में पंचनदपुर में हुआ था। यह स्थान श्रीनगर से कोई सात मील दूर है। वितस्ता, सिंधु, क्षीरभवानी, त्रिगमा ओर अनाकरा नाम की पाँच नदियों का संगम इस स्थान के बहुत पास है। इसीलिए इसे पंचनदपुर कहा गया। बचपन से ही द्रधबल का रुझान चिकित्साशास्त्र आदि के प्राचीन ग्रंथों के अध्ययन की ओर गया। खासकर 'चरक संहिता' उनका प्रिय ग्रंथ था।

द्रधबल यह देखकर खिन्न होते थे कि 'चरक संहिता' का प्राचीन रूप अब उपलब्ध नहीं है तथा उसके बहुत से महत्वपूर्ण हिस्से पूरी तरह नष्ट हो चुके हैं। इसके अलावा उनकी परेशानी का एक कारण यह भी था कि 'चरक संहिता' ग्रंथ जिस रूप में उपलब्ध था, अपने असाधारण ऐतिहासिक महत्व के बावजूद वह उस समय के हिसाब से कुछ पिछड़ा हुआ लग रहा था। कुछ चीजें जो आम लोगों के स्वास्थ्य के लिहाज से अधिक उपयोगी हो सकती थीं, उन्हें संक्षेप में निबटा

दिया गया था तथा बहुत सी गैर-जरूरी चीजों की बहुत अधिक अनावश्यक विस्तार के साथ, उलझाऊ ढंग से चर्चा थी। इस लिहाज से द्रधबल को 'चरक संहिता' के संपादन की जरूरत महसूस हुई।

अंतत: बहुत सोच-विचार के बाद द्रधबल ने 'चरक संहिता' के संपादन का निर्णय लिया। पर यह काम आसान नहीं था। इसके लिए उन्होंने चिकित्सा-ज्ञान के नए-पुराने सभी ग्रंथों को पूरी तरह खँगाला और उनमें से अपने समय के मुताबिक चिकित्सा-ज्ञान की उपयोगी चीजें इकट्ठी कीं। चिकित्सा-विज्ञान के कई प्राचीन दुर्लभ ग्रंथ भी उन्हें हासिल हुए, जिनका शब्द-शब्द उन्होंने पढ़ा और उस पर अच्छी तरह चिंतन-मनन किया। फिर वे 'चरक संहिता' के संपादन के अत्यंत गंभीर और जिम्मेदारी भरे काम में जुट गए।

द्रधबल के सामने कसौटी थी, उनके समय का मनुष्य। यानी लोगों को रोगों आदि की जानकारी देते हुए उचित ओषधियों द्वारा रोग का उपचार तथा उसके स्वास्थ्य की रक्षा। इस लिहाज से चरक संहिता के अनावश्यक विस्तार को कई जगह उन्हें कम करना पड़ा। जिन जरूरी तथा आम लोगों के लिए उपयोगी चीजों को वहाँ संक्षेप में निबटा दिया गया था, द्रधबल ने उन्हें खासा विस्तार देते हुए रोचक ढंग से लिखा। इसके अलावा 'चरक संहिता' को संपूर्ण बनाने के लिए उन्होंने चिकित्साविज्ञान के अन्य प्रामाणिक ग्रंथों से जरूरी समाग्री ली तथा उसे 'चरक संहिता' में जोड़कर उसे अधिक उपयोगी और मुकम्मल ग्रंथ का रूप दिया।

द्रधबल द्वारा संपादित 'चरक संहिता' ग्रंथ की टीका आगे चलकर चक्रपाणि दत्त ने की। उन्होंने इस ग्रंथ को 'कश्मीर पथ' कहकर पुकारा, क्योंकि यह भारतीय चिकित्साविज्ञान और 'चरक संहिता' का एक तरह का कश्मीरी संस्करण था। बेशक इसमें द्रधबल की अपनी प्रतिभा और चिंतक व्यक्तित्व की भी गहरी छाप थी।

यों द्रधबल अपनी इस कोशिश में पूरी तरह सफल रहे। सच तो यह है कि 'चरक संहिता' को समय के थपेड़ों से बचाए रखने और उसे पूर्णता देने में द्रधबल का यह योगदान एक ऐतिहासिक महत्व की चीज है। 'चरक संहिता' आज जिस रूप में हमें उपलब्ध है, वह द्रधबल द्वारा संपादित ग्रंथ ही है। इस लिहाज से प्राचीन भारतीय वैज्ञानिकों में इस असाधारण प्रतिभाशाली कश्मीरी वैज्ञानिक का महत्व और अधिक बढ़ जाता है।

15

नागार्जुन

भारत के महान रसायनशास्त्री

(931 ई.)

नागार्जुन को भारत का महान कीमियागर कहा जाता है। उनके बारे में इस तरह की कई कथाएँ चल पड़ी हैं कि देवताओं से उनकी मित्रता थी और उनके बुलाने पर वे धरती पर आ जाते थे। उनकी अपार सिद्धियों के बारे में भी कई कथाएँ हैं और कहा जाता है कि वे धातुओं को आपस में मिलाकर या रासायनिक क्रिया से जिस भी धातु को चाहें, पैदा कर सकते थे। इस संबंध में जितनी कथाएँ नागार्जुन के साथ जुड़ी हैं, उतनी किसी और भारतीय वैज्ञानिक के साथ नहीं। इनसे इतना तो जरूर पता चलता है कि नागार्जुन अद्‌भुत कीमियागर थे और रासायनिक क्रियाओं द्वारा धातु के अलग-अलग यौगिक बनाने तथा इस तरह धातुओं को नया रूप देने में उन्हें कमाल की सिद्धता हासिल थी।

यों तो नागार्जुन के जीवन के बारे में बहुत अधिक जानकारी आज हमें प्राप्त नहीं है। वे सन् 931 में गुजरात में सोमनाथ के निकट देहक जिले में जनमे थे और अत्यंत मेधावी थे। उनकी अद्‌भुत प्रतिभा के कारण लोग उन्हें चमत्कारी बालक समझते थे। कई महत्वपूर्ण ग्रंथों में उनके बारे में चकित कर देने वाली बातें पढ़ने को मिलती हैं। प्रसिद्ध यात्री अलबरुनी ने नागार्जुन का बड़े सम्मान के साथ जिक्र किया है और लिखा है कि रसायन की कीमियागरी में वे सिद्धहस्त थे।

अलबरुनी ने नागार्जुन की प्रसिद्ध पुस्तक 'रस-रत्नाकर' का भी जिक्र किया है और कहा है कि अभी तक जितना भी ज्ञान-विज्ञान था, उसका सार हमें नागार्जुन के ग्रंथ 'रस-रत्नाकर' में मिल जाता है। नागार्जुन के लिखे अन्य ग्रंथों में 'कक्षपुट तंत्र', 'आरोग्य मंजरी', 'योगसार' तथा 'योगशतक' की भी चर्चा मिलती है, पर उनका सबसे अधिक प्रसिद्ध और अमर ग्रंथ तो 'रस-रत्नाकर' ही है। इसके अलावा नागार्जुन का एक और महत्वपूर्ण काम 'सुश्रुत संहिता' का संपादन करना है। उन्होंने बदले हुए समय के शोध से हासिल काफी महत्वपूर्ण सामग्री 'सुश्रुत संहिता' में जोड़ी थी। आज 'सुश्रुत संहिता' का जो रूप हमें मिलता है, वह नागार्जुन द्वारा संशोधित रूप ही है। इससे यह पता चलता है कि अपने समय में ही नहीं, बाद के समय में भी नागार्जुन की विद्वता की वैसी ही धूम रही और लोगों के मन में उनके लिए गहरा आदर था।

'रस-रत्नाकार' में लिखी गई बातें केवल विद्वानों को ही नहीं, सामान्य लोगों को भी खूब आकर्षित करती थीं। इसमें नागार्जुन की भाषा इतनी आकर्षक और कवित्वपूर्ण है कि वह सभी को लुभा लेती है। ज्ञान की बारीक से बारीक बात को भी लुभावने तरीके से पेश करना उन्हें आता था। नागार्जुन की भाषा का एक नमूना यह है, "कितना आश्चर्यजनक है कि वनस्पति, अम्लों तथा भेड़ के दूध में कई बार छोड़े जाने के बाद सिंदूर (लाल मरक्यूरिक सल्फाइड) चाँदी को केसर जैसी सोने की चमक प्रदान कर देता है।" इसी तरह एक जगह वे बताते हैं कि चाँदी में कुछ विशेष रसायन मिलाने पर, वे उसके भार के सात गुना भार वाले पदार्थ में उसे बदल देते हैं जिसकी चमक सूर्य के समान होती है।

पारे के अलग-अलग यौगिक बनाने में भी नागार्जुन को महारत हासिल थी, पर इसके लिए उन्हें एक लंबी साधना करनी पड़ी। एक जगह वे लिखते हैं कि उन्होंने लोगों के कल्याण के लिए लगभग बारह वर्ष तक देवी यक्षिणी की पूजा की। तब उन्हें देववाणी सुनाई दी, "अरे ऐ महामुनि! जो कुछ भी तू चाहे, मैं तुझे सब कुछ दूँगी।" इस पर नागार्जुन ने प्रार्थना की, "हे देवी, यदि आप मुझ पर प्रसन्न हैं, तो मुझे पारे के यौगिक बनाने का दुर्लभ ज्ञान प्रदान कीजिए।"

नागार्जुन ने पारे के बारे में भी कई ऐसी आश्चर्यजनक बातें बताईं, जो आज भी हमें चकित करती हैं। पारे के द्वारा कई रोगों का इलाज हो सकता है और ठीक विधि से सेवन करने पर, मनुष्य अपार बल, शक्ति और ऊर्जा प्राप्त कर सकता है। नागार्जुन ने इस बारे में बहुत रोचक ढंग से जानकारी दी है।

नागार्जुन ने जीवन भर शोध करके जो ज्ञान हासिल किया, उसे आने वाली पीढ़ियों ने सँजोकर रखा। भारतीय ज्ञान-विज्ञान और संस्कृति के विकास में उनका बड़ा योगदान है। नागार्जुन के बाद भी वृंद और चक्रपाणि सरीखे कीमियागर हुए, जिन्होंने उनके काम को और आगे बढ़ाया। पर वे भी बार-बार 'कीमियागर कला के महान आचार्य' के रूप में नागार्जुन का उल्लेख करते हैं। नागार्जुन द्वारा लिखी गई कई पुस्तकों के अंश हमें वृंद और चक्रपाणि की रचनाओं में मिलते हैं।

नागार्जुन की सारी रचनाएँ आज भले ही उपलब्ध न हों, पर जितना कुछ भी आज हमें हासिल हो सका है, उससे प्राचीन काल के इस महान रसायनज्ञ के प्रति हमारा आदर निरंतर बढ़ता ही जाता है।

16

वृंद

भारत के प्राचीन रसायनज्ञ

(1000 ई.)

भारत के प्राचीन वैज्ञानिकों में वृंद की भी चर्चा होती है। वृंद एक प्रमुख और असाधारण रसायनज्ञ थे, जिन्होंने कीमियागरी के क्षेत्र में नागार्जुन के काम को आगे बढ़ाया। यों भारत में रसायनविज्ञान के विकास में उन्होंने एक महत्वपूर्ण भूमिका अदा की।

वृंद के जीवन के बारे में आज बहुत अधिक जानकारी हमें उपलब्ध नहीं है। हाँ, इतना अनुमान लगाया जा सकता है कि वे आज से कोई हजार वर्ष पहले जनमे थे। इस लिहाज से उनका जन्म प्रसद्धि संत और वैज्ञानिक माधवकर के बाद हुआ, जबकि चक्रपाणि दत्त से वे पहले जनमे थे। वृंद की प्रमुख कृति का नाम है 'सिद्धयोग', जिसमें चिकित्सा रसायन से संबंधित बहुत काम की सामग्री है। इस लिहाज से चिकित्साशास्त्र के इतिहास में वृंद का नाम भुलाया नहीं जा सकता।

अपनी पुस्तक 'सिद्धयोग' में वृंद ने मनुष्य को स्वस्थ रखने में सहायक रसायनों का विस्तृत वर्णन करने के साथ-साथ, उन उपायों का भी वर्णन किया है, जिनसे मनुष्य रोग और अन्य शारीरिक विकारों से बच सकता है। विभिन्न रोगों में काम आने वाली औषधियों का भी इसमें विस्तार से वर्णन है। धातु के यौगिक कैसे तैयार किए जाएँ, वृंद ने इसका क्रमवार वर्णन किया है। इसी तरह लोहे की भस्म कैसे बनाई जाए, वृंद ने बड़ी स्पष्टता से इसे समझाया है। खास बात यह है कि वृंद ने ऐसी कई चीजों की चर्चा की है, जिनका रोजमर्रा के जीवन में इस्तेमाल होता है। उदाहरण के लिए जूएँ मारने के लिए जो दवा लगाई जाती है,

उसमें पारे का इस्तेमाल काफी उपयोगी होता है। वृंद ने इसकी भी चर्चा की है। वृंद के समय तक दवाओं में पारे और गंधक का उपयोग बहुत आम हो चुका था। उनके ग्रंथ 'रसामृत चूर्ण' के बारे में पढ़ने पर यह बात साफ जाहिर हो जाती है।

कुल मिलाकर वृंद नागार्जुन की परंपरा को आगे बढ़ाने वाले उल्लेखनीय कीमियागर थे। उनके ग्रंथ 'सिद्धयोग' की एक विशेषता यह भी है कि इसमें वृंद ने अपने से पहले हुए मूर्धन्य वैज्ञानिकों चरक, सुश्रुत, नागार्जुन, वाग्भट्ट और माधवकर के विचारों को भी खुलकर उद्धृत किया है तथा उनके ग्रंथों से भी उदारतापूर्वक बहुत सी सामग्री ली है। यों वृंद का ग्रंथ 'सिद्धयोग' भारत के निरंतर विकासशील रसायनविज्ञान के इतिहास की कई उपयोगी सरणियाँ खुद में समेटे हुए है। इसी कारण भारत के प्राचीन वैज्ञानिकों में वृंद का नाम खुद-ब-खुद महत्वपूर्ण हो जाता है।

17

भास्कराचार्य

असाधारण प्रतिभाशाली गणितज्ञ

(1114 ई.)

भारत के प्राचीन गणितज्ञों में भास्कराचार्य भी थे, जिनकी असाधारण सूझ-बूझ और प्रतिभा आज भी हमें चकित करती है। खासकर बीजगणित के तो वह सिद्ध आचार्य ही थे। गणित के जटिल सवालों को हल करने के जो अनोखे सूत्र उन्होंने दिए,वे आज भी उपयोग में आते हैं। बारहवीं शताब्दी में उन्होंने गणित की अपनी खोजों को जिस शिखर तक पहुँचाया, वह दुनिया भर के गणितज्ञों को आज भी ताज्जुब में डालता है। उस समय शायद ही दुनिया में कहीं गणित का ज्ञान उस ऊँचाई तक पहुँचा हो, जहाँ भास्कराचार्य पहुँच चुके थे।

भास्कर का जन्म महाराष्ट्र के एक स्थान विज्जदाविद् में सन् 1114 में हुआ था। उनके पिता का नाम था महेश्वर। महेश्वर स्वयं गणित के विद्वान थे। उन्होंने भास्कर को खुद ही गणित की शिक्षा दी। भास्कर ने न सिर्फ सब कुछ झटपट सीख लिया, बल्कि उनकी प्रतिभा गणित के नए से नए सूत्र खोजने की दिशा में बढ़ गई। 36 वर्ष की अवस्था में भास्कर ने गणित के अपने महान ग्रंथ 'सिद्धांत शिरोमणि' की रचना कर ली थी।

'सिद्धांत शिरोमणि' एक बड़ा ग्रंथ है, जिसके चार भाग हैं—पतिगणित अथवा लीलावती, बीजगणित, ग्रह गणिताध्याय तथा गोलाध्याय। इनमें पहले भाग पतिगणित अथवा लीलावती में अंकगणित के बारे में काफी रोचक और नई बातें बताई गईं हैं। कहते हैं, लीलावती भास्कर की बेटी थी, जिसे वे बड़े दिलचस्प ढंग से गणित पढ़ाया करते थे। अत: ग्रंथ के इस भाग का नाम भी उन्होंने बेटी

लीलावती के नाम पर ही रखा। इस ग्रंथ के अन्य भागों में बीजगणित भी है, जिसमें बीजगणित के सिद्धांतों का बड़ा विस्तृत अध्ययन है। ग्रह–गणिताध्याय में ग्रहों की गतियों आदि का वर्णन है, तो गोलाध्याय में वृत्त आदि से संबंधित गणनाओं के बहुत रोचक शैली में लिखे गए सूत्र हैं।

भास्कर के ग्रंथ का पहला भाग लीलावती कई दृष्टियों से खासा रोचक और महत्वपूर्ण है। इसमें आर्यभट, ब्रह्मगुप्त आदि ने अपनी कृतियों में गणित के जो नियम आदि बताए, उन्हीं को सहज सुबोध ढंग से सामने रखा गया है। प्रश्नों की बनावट भी बड़ी मजेदार हैं, जिनमें किसी किस्से–कहानी जैसा रस है। उदाहरण के लिए लीलावती में दिया गया गणित का एक प्रश्न यह है, "हंसों के एक समूह में हंसों का एक जोड़ा जल पर क्रीड़ा करता रह गया। उस जोड़े ने देखा कि दिशा–परिवर्तन से थककर कुल समूह के वर्गमूल के आधे के सात गुने हंस किनारे की ओर बढ़ रहे हैं। प्यारी लड़की, मुझे यह बताओ, कि समूह में कितने हंस थे?"

इसी तरह दूसरे भाग बीजगणित में बीजगणित के तौर–तरीके और उन सिद्धांतों की जानकारी है, जिनसे बड़ी–बड़ी गणनाएँ चुटकियों में हो जाती हैं। इस भाग की सबसे बड़ी विशेषता है, शून्य के बारे में भास्कराचार्य की जानकारी। बारहवीं शताब्दी में शून्य के बारे में भास्कर पूरे अधिकार के साथ हमें सही–सही बताते हैं। वे जानते हैं कि किसी संख्या में शून्य जोड़ देने या निकाल देने से कोई फर्क नहीं पड़ता, पर किसी संख्या में शून्य से गुणा कर देने पर गुणनफल शून्य आता है। इसी तरह किसी संख्या को शून्य से भाग देने पर परिणाम अनंत आता है। इस बात को भी भास्कर बड़े कुशल ढंग से सामने रखते हैं।

ग्रंथ के तीसरे भाग ग्रहगणित अध्याय में खगोल यानी ग्रहों की गतियों आदि का विस्तृत वर्णन है। भास्कर ने ग्रहों की गतियों का कारण वायु को माना है। भास्कर के इस खगोल सिद्धांत को आज हम अधिक महत्वपूर्ण नहीं मानते। भास्कर ने दिन के छोटे बड़े होने को लेकर सूर्य की गति का भी विश्लेषण किया है। ग्रंथ के चौथे भाग गोलाध्याय में वृत्त की परिधि, व्यास आदि का संबंध बताया गया है। वृत्त, त्रिभुज आदि आकारों के आपसी संबंध को लेकर भी बड़ी रोचक बातें कही गई हैं।

भास्कर के ग्रंथ के महत्व को समझते हुए मुगल बादशाह अकबर ने इस ग्रंथ के पहले भाग 'लीलावती' का फारसी अनुवाद कराया था। यह अनुवाद सन् 1587 में अबुल फजल ने किया था। तब से भास्कर के इस अनोखे ग्रंथ की कीर्ति दुनिया में कम नहीं हुई, बल्कि निरंतर बढ़ती ही जाती है।

18

भोज नरहरि

प्राचीन भारत के महान जलपोत विशेषज्ञ

(1200 ई.)

भोज नरहरि का नाम बहुत अधिक जाना-पहचाना नहीं है। पर इससे उनके काम का महत्व कम नहीं हो जाता। भोज नरहरि जलपोत-निर्माण के विशेषज्ञ थे। इस क्षेत्र में उनका व्यापक अध्ययन ही नहीं, नई से नई खोजें और गहरी सूझ-बूझ चकित करती है।

भोज नरहरि का जन्म बारहवीं शताब्दी के आसपास हुआ था। उन्होंने अपने ग्रंथ में लिखा है कि उनसे पहले भी एक भोज हुए हैं। शायद उनका इशारा ग्यारहवीं शताब्दी में हुए राजा भोज की तरफ रहा होगा, जो यशस्वी राजा होने के साथ-साथ एक अच्छे लेखक भी थे।

जलपोत, उसकी संरचना और अलग-अलग ढंग की खासियतों पर लिखे गए भोज नरहरि के अनोखे ग्रंथ का नाम है 'युक्ति कल्पतरु'। इस ग्रंथ में वे अलग-अलग प्रकार के जहाजों का रोचक वर्णन करने के साथ-साथ उनके नाम, आकार तथा अलग-अलग ढंग की साज-सज्जा के बारे में भी हमें बताते हैं।

'युक्ति कल्पतरु' में अलग-अलग तरह के जहाजों के कितने भेद-उपभेद हैं, उनके आकार, उन्हें बनाने के लिए काम में आने वाली लकड़ी तथा संरचना के तौर-तरीकों के बारे में बहुत विस्तार और अधिकार के साथ लिखा गया है। उसे पढ़कर इस बात में कोई शक नहीं रह जाता कि प्राचीन काल में भारत जलपोत कला तथा समुद्री यात्राओं को लेकर खासा उन्नत देश रहा है। यहाँ के व्यापारी समुद्र के जरिए अपना माल बाहर भेजते और मँगवाते भी थे। इसके अलावा घूमने-फिरने और समुद्री यात्रा का आनंद लेने के लिए भी जहाज बनाए जाते थे।

यहाँ तक कि उस समय युद्धपोतों का भी विकास हो चुका था और उनकी बनावट अलग तरह की थी।

भोज नरहरि ने अपने ग्रंथ में मोटे तौर से जहाजों की दो कोटियाँ बताई हैं। पहली कोटि में सामान्य नदी-यात्रा के लिए इस्तेमाल किए जाने वाले जलपोतों का वर्णन है। इन्हें सामान्य कोटि में रखा गया है। हालाँकि सामान्य कोटि के जलयानों के भी उनके आकार आदि को लेकर आगे दस उपभेद किए गए हैं। इनमें सबसे छोटा जलपोत 'क्षुद्र' सोलह हाथ की लंबाई का है तो सबसे बड़ा 'मंथर' एक सौ बीस हाथ की लंबाई का है। भोज के वर्णन के अनुसार इसी अनुपात में उनकी चौड़ाई और ऊँचाई भी बढ़ती जाती है।

समुद्री जहाजों की भोज नरहरि ने दो मुख्य श्रेणियाँ बनाई हैं—दीर्घ और उन्नत। इनमें दोनों ही श्रेणियों में आगे कई उपभेद हैं। दीर्घ श्रेणी के जलपोतों में सबसे छोटा दीर्घिका है, जिसकी लंबाई बत्तीस हाथ है और सबसे बड़ा 'वेगिनी' जिसकी लंबाई छिहत्तर हाथ है। इसी तरह उन्नत क्षेत्र के जलपोत बत्तीस हाथ की लंबाई से छियानवे हाथ की लंबाई तक के हैं। इनमें सबसे छोटा 'ऊर्ध्व' है और सबसे बड़ा 'मंथर'।

भोज नरहरि ने यह भी बताया कि राजसी खजाने तथा घोड़ों और स्त्रियों को ले जाने के लिए ऐसे जहाज प्रयोग किए जाने चाहिए, जिनके मुख्य कक्ष सिरे से सिरे तक होते हैं। इन्हें स्वर्ण मंदिर कहा जाता था। इसी तरह मध्य मंदिर और अग्र मंदिर जलपोत भी थे। भोज नरहरि ने इन जहाजों को बनाने के लिए इस्तेमाल होने वाली लकड़ी के बारे में भी बहुत काम की बातें बताई हैं। जहाजों का रंग और सजावट कैसी हो, इसके बारे में भी भोज नरहरि का वर्णन खासा रोचक है, जिससे उनके ज्ञान ही नहीं, कला और परिष्कृत सौंदर्य-बोध का भी पता चलता है।

भोज नरहरि की खासियत यह है कि अपने ग्रंथ में उन्होंने जलपोत निर्माण-कला के लगभग हर पक्ष पर बहुत विस्तार से चर्चा की है। शायद ही जलपोत से संबंधित कोई महत्व की बात हो, जो उनसे छूटी हो। भारत प्राचीन काल में जलपोतों के मामले में खासा उन्नत ही नहीं, विश्वगुरु था। भोज नरहरि को पढ़कर यह पता चलता है।

मार्को पोलो ने भी बहुत उत्साहित होकर भारत के इस अद्‌भुत कौशल और वैज्ञानिक ज्ञान का वर्णन किया है। पर किसी एक ग्रंथ में जलपोतों के बारे में इतनी पूर्ण और आधिकारिक जानकारी न थी। इस लिहाज से भोज नरहरि और उनके ग्रंथ का महत्व कहीं अधिक बढ़ जाता है। प्राचीन ज्ञान-विज्ञान के एक खास विशेषज्ञ के रूप में भोज नरहरि को याद करना आज सचमुच हमें आनंद से भर देता है।

19

भावमिश्र

भारत के मध्ययुगीन चिकित्साविज्ञान

(ज. 1600 ई.)

भारत के मध्ययुगीन चिकित्सा विज्ञानियों में भावमिश्र अपूर्व प्रतिभाशाली चिकित्सक माने जाते हैं। उन्होंने भारतीय चिकित्साविज्ञान तथा उसके सिद्धांतों को अपने प्रसिद्ध ग्रंथ 'भावप्रकाश' तथा अपने विलक्षण चिकित्सा सिद्धांतों द्वारा नया जीवन दिया।

आम तौर से यह माना जाता है कि प्राचीन काल में भारतीय विज्ञान बहुत उन्नत था तथा मध्य काल तक आते-आते वह पतनग्रस्त हो गया। सामान्यतया यह बात गलत नहीं है। पर मध्ययुग में भावमिश्र जैसे असाधारण चिकित्साविज्ञानी भी हुए हैं, जिन्होंने चारों ओर भारतीय आयुर्वेद की उपलब्धियों का परचम लहराया।

भावमिश्र का जन्म सोलहवीं शताब्दी में बनारस में हुआ। उनके पिता का नाम था लटक मिश्र। भावमिश्र ने न सिर्फ चिकित्साशास्त्र के सभी प्राचीन ग्रंथों का गंभीर अध्ययन किया, बल्कि व्यवहार में चिकित्साविज्ञान की नवीनतम पद्धतियाँ भी सीखीं और उनमें सिद्धता हासिल की। देखते ही देखते भावमिश्र के नाम की कीर्ति चारों ओर फैल गई। वे अपने समय के सबसे अधिक योग्य और चर्चित चिकित्सक माने जाते थे, जिनके जोड़ का चिकित्सक पूरे भारत में और कोई न था।

भावमिश्र ने चिकित्साविज्ञान के अपने अध्ययन, ज्ञान और अनुभवों के निचोड़ को अपने प्रसिद्ध ग्रंथ 'भावप्रकाश' में शामिल किया। इस ग्रंथ में भावमिश्र ने

मानव शरीर-रचना, भारतीय चिकित्साविज्ञान की उत्पत्ति और विकास, आहार-विज्ञान तथा बच्चों के रोग आदि के बारे में बहुत काम की बातें बताई हैं। भावमिश्र की शैली बहुत रोचक और सुंदर है तथा वे अत्यंत स्पष्टता से अपनी बात समझाते हुए आगे बढ़ते हैं।

अपने ग्रंथ में भावमिश्र ने अपने पूर्व चिकित्साविज्ञानियों के विचार जगह-जगह पर उद्धृत किए हैं, तो साथ ही अपने अनुभव और विचार भी प्रांजल भाषा में लिपिबद्ध किए हैं। उन्होंने भारतीय औषधियों के साथ-साथ अन्य देशों की औषधियों का भी जिक्र किया है। इससे पता चलता है कि भावमिश्र के समय तक अन्य देशों की चिकित्सा पद्धति का प्रभाव भी हमारे यहाँ देखने को मिलने लगा था।

एक और खास बात यह थी कि विदेशियों के आने के साथ-साथ भारत में अनेक तरह के रोग भी आए। इन्हीं में एक रोग का नाम ही फिरंग रोग पड़ गया। भावमिश्र ने इस रोग की तीन अवस्थाओं का जिक्र किया है। उनके अनुसार पहली यानी प्रारंभिक अवस्था में तो रोग का उपचार हो सकता है, लेकिन दूसरी और तीसरी अवस्था में उससे बच पाना कठिन है।

भावमिश्र ने 'भावप्रकाश' नाम का ग्रंथ देकर भारतीय चिकित्साविज्ञान की बड़ी सेवा की। इसलिए कि इससे भारतीय चिकित्साविज्ञान के निरंतर विकास का पता चलता है। साथ ही बहुत से प्राचीन ज्ञान और औषधियों आदि की जानकारी भी लुप्त हो चुकी थी। 'भावप्रकाश' के जरिए हम इन चिकित्सा पद्धतियों को फिर से जान पाते हैं। और यों प्राचीन भारतीय चिकित्सा-ज्ञान के पुनर्नवीकरण का यह एक दुर्लभ संयोग बना। इस लिहाज से भारतीय चिकित्साविज्ञान में भावमिश्र का नाम और काम अविस्मरणीय है।

20

सम्राट जहाँगीर

अनोखे पक्षी-विज्ञानी और खगोलज्ञ

(1569-1627)

भारत के सुप्रसिद्ध पक्षी-विज्ञानियों में एक बड़ी ऐतिहासिक हस्ती, मुगल सम्राट जहाँगीर का नाम भी शामिल है। जहाँगीर को अनेक युद्ध लड़ने पड़े। शासन-कार्य की व्यस्तताएँ अपनी जगह थीं। इसके बावजूद पक्षी-प्रेम उनमें इतना अधिक था कि पक्षियों के रूप, आकृति आदि ही नहीं, बल्कि उनके स्वभाव, आदतों और प्रजनन के बारे में बारीक से बारीक बातों की उन्हें जानकारी थी। सम्राट होते हुए भी अपने जीवन का काफी समय उन्होंने पक्षी-अवलोकन में खर्च किया। प्रसिद्ध चित्रकारों से पक्षियों के चित्र भी बनवाए। इस संबंध में उनका अध्ययन कितना गहरा था, इसके तमाम ऐतिहासिक साक्ष्य मिलते हैं।

9 सितंबर, 1569 को सम्राट अकबर की हिंदू पत्नी जोधाबाई की कोख से जनमे जहाँगीर का प्रकृति-प्रेम सुविख्यात है। बचपन से ही उन्हें प्रकृति की रम्य छवियाँ लुभाती थीं। बड़े होने पर भी उनका यह चाव नहीं गया। हाँ, इसमें पक्षी-प्रेम और जुड़ गया, जो आगे चलकर एक ऐसे वैज्ञानिक अध्ययन में बदल गया कि जहाँगीर की गिनती विश्व के सुप्रसिद्ध पक्षी-विज्ञानियों मे की जाती है। जहाँगीर जहाँ भी जाते, वहाँ के सुंदर पक्षियों का अध्ययन करते तथा उनके बारे में सारी जानकारी ब्योरेवार एकत्र करते। खुद उनके पास भी एक छोटा सा

चिड़ियाघर था, जिससे उन्हें पक्षियों के अवलोकन में आसानी होती थी। पक्षियों के स्वभाव या आदतों के बारे में पता लगाने के लिए उन्हें घंटों चिड़ियाघर में बैठना पड़ता और छोटी से छोटी चीजों के नोट्स लेने पड़ते। तब वे किसी निष्कर्ष पर पहुँचते और उन्हें सचमुच की खुशी और तसल्ली मिलती। उनके ये निष्कर्ष और ब्योरे आज भी इतने सही और महत्वपूर्ण लगते हैं कि प्रसिद्ध पक्षी-विज्ञानी सालिम अली को आश्चर्यचकित होकर कहना पड़ा, ''सम्राट जहाँगीर के संस्मरण तो मानो उस समय के भारत के प्रकृति-विज्ञान का कोश ही हैं।''

जहाँगीर ने पक्षियों के स्वभाव का वर्णन इतने रोचक अंदाज में किया है कि आज भी हममें पक्षियों के संसार के निकट जाने की दिलचस्पी पैदा करता है। मसलन उन्होंने बताया कि सारस जोड़े में से नर-मादा दोनों ही अंडों को बारी-बारी से सेते हैं। इन अंडों में से बच्चे कैसे निकलते हैं और नर-मादा दोनों सारस मिलकर किस तरह उनकी देख-रेख करते हैं, इसका वर्णन भी जहाँगीर ने बड़े ही दिचलस्प अंदाज में किया है। ये बातें आज भी वैज्ञानिक अध्ययन के लिहाज से काफी काम की हैं तथा इनकी प्रामाणिकता को सभी स्वीकार करते हैं।

पक्षी-अवलोकन के क्षेत्र में जहाँगीर का एक बड़ा योगदान यह है कि उन्होंने अपने समय के बड़े से बड़े चित्रकारों को बुलवाकर उन्हें पक्षियों के चित्र बनाने के लिए कहा। चित्रकारों को इनाम मिलता और ये चित्र सुरक्षित कर लिए जाते। इन चित्रों के आधार पर हमें बहुत से पक्षियों के बारे में नई बातें पता चलीं। ऐसे पक्षियों के बारे में भी पता चला जो जहाँगीर के समय में थे, पर आज नहीं है । ऐसा ही एक पक्षी डोडो भी था, जिसे मारीशस के किसी व्यापारी ने उन्हें भेंट किया था। जहाँगीर ने अपने समय के प्रसिद्ध चित्रकारों से इसका चित्र बनवाया। ऐसा ही एक चित्र जब पक्षी-विज्ञानियों की नजरों से गुजरा, तो वे चकित रह गए। जहाँगीर के पक्षी-अवलोकन और पक्षी-प्रेम के महत्व को उन्होंने बड़े आदर के साथ स्वीकार किया।

इसी तरह एक खगोलज्ञ के रूप में भी जहाँगीर के अवलोकन, निष्कर्ष और रिकार्ड आज ऐतिहासिक दस्तावेज सरीखे हैं। उन्होंने चंद्रग्रहण, सूर्यग्रहण आदि के ब्योरे तो रखे ही, साथ ही धूमकेतु के बारे में भी उनके कई निरीक्षण ऐतिहासिक साक्ष्य के तौर पर आज इस्तेमाल किए जाते हैं।

28 अक्तूबर, 1627 को जहाँगीर का निधन हुआ। पर इतिहास में उनका नाम एक बड़े सम्राट के साथ-साथ एक विलक्षण पक्षी-विज्ञानी और खगोलज्ञ के

रूप में भी खासे सम्मान का हकदार है। इससे यह भी पता चलता है कि पक्षी-अवलोकन तथा अंतरिक्ष और प्रकृति के वैज्ञानिक अध्ययन सरीखे कामों में इतना आकर्षण है कि एक सम्राट भी अपना राजपद भूलकर, एक विनम्र और जिज्ञासु अध्ययनकर्ता बन जाता है।

इससे यह भी साबित होता है कि विविध, रंग-रूपों और सुंदर छवियों वाले इस संसार में इतना अद्‌भुत आकर्षण है कि वह सदियाँ गुजर जाने पर भी ज्यों का त्यों रहता है। बड़े-बड़े राजे-महाराजा आते और चले जाते हैं, लेकिन प्रकृति का यह सुंदर आकर्षण और इसे चाहने वालों को लोग हमेशा याद रखते हैं।

21

सवाई राजा जयसिंह द्वितीय

भारतीय खगोलशास्त्र के विद्वान

(1686–1747)

प्राचीन काल में भारतीय खगोलशास्त्र जिस ऊँचाई और पूर्णता पर था, आगे चलकर वैसा न रहा। मध्यकाल को अनेक विद्वान भारतीय विज्ञान और खगोलशास्त्र की अवनति का युग मानते हैं। हालाँकि 18वीं शताब्दी के प्रारंभ में भारतीय खगोलविज्ञान की उपलब्धियों को समझने तथा पूर्व और पश्चिम के ज्ञान के समन्वय के जरिए, इस दिशा में प्रगति की कई ऐतिहासिक दृष्टि से उल्लेखनीय कोशिशें भी दिखाई पड़ती हैं। इस युग में खगोलशास्त्र में शोध और अध्ययन के जरिए भारतीय खगोलशास्त्र को नया रूप देने वाले सम्राट सवाई जयसिंह द्वितीय का नाम भुलाया नहीं जा सकता। उन्होंने समय, सूर्य और तारों की स्थिति को जानने के लिए कुछ अद्भुत यंत्र खोज निकाले तथा जगह-जगह जंतर-मंतर की स्थापना करके जनता को खगोलशास्त्र की आकर्षित किया।

सन् 1686 में जनमे जयसिंह राजपरिवार के होते हुए भी बड़े अध्ययनप्रिय तथा विद्वान थे। उन्होंने मुगल सम्राट औरंगजेब से मित्रता कर ली। औरंगजेब उनकी प्रखर बुद्धि तथा वीरता का प्रशंसक था। औरंगजेब की मृत्यु के बाद मोहम्मद शाह गद्दी पर बैठा। कुछ समय बाद राजा जयसिंह ने एक सुंदर नगर जयपुर बसाया। इसे बसाने में उन्हें अपने गुरु पंडित जगन्नाथ का मार्गदर्शन मिला। जयपुर की स्थापना वास्तुकला की दृष्टि से बड़ी उत्कृष्ट और मनोहर है। इसी बीच राजा जयसिंह ने विश्व के प्रसिद्ध खगोलज्ञों के ग्रंथ मँगवाकर उनका अध्ययन प्रारंभ किया। टालिमी, उलुगबेग, जॉन फलैक्सटीड आदि विश्वप्रसिद्ध

खगोलज्ञों की पुस्तकें उनके संग्रहालय में थीं जिनका उन्होंने भली-भाँति अध्ययन किया था। इन ग्रंथों के अध्ययन के बाद राजा जयसिंह ने दूरबीन भी मँगवाई। स्वयं भी उन्होंने दूरबीन बनाना प्रारंभ किया।

राजा जयसिंह के मन में अंतरिक्ष के चाँद-तारों की स्थिति और गतियों के अवलोकन की अद्‍भुत ललक थी। अपनी तमाम व्यस्तताओं में से समय निकालकर वे अंतरिक्ष का अध्ययन किया करते थे। उनका यह अध्ययन इतना सटीक था कि उन्होंने चाँद-तारों की गतियों को लेकर पहले जो अध्ययन हुए थे, उनके आँकड़ों की गलतियाँ पता कीं तथा उन्हें दुरुस्त किया। इसके बाद चाँद, सूर्य और तारों की स्थिति और गतियों के अध्ययन के लिए उन्होंने दिल्ली में जंतर-मंतर बनवाया तथा खगोलशास्त्र पर अपनी प्रसिद्ध पुस्तक 'जिन मोहम्मद शाही' प्रकाशित की। इसके बाद उन्होंने कई अन्य नगरों में भी जंतर-मंतर बनवाए। राजा जयसिंह ने इसका मुख्य विचार उलुगबेग से लिया। उनके द्वारा बनवाए गए जंतर-मंतर का डिजाइन उलुगबेग की वेधशाला से बहुत मिलता-जुलता है।

राजा जयसिंह ने अपनी वेधशाला में जिन मौलिक यंत्रों को खोजा और अपनी परिकल्पना के अनुसार बनवाया, वे हैं सम्राट-यंत्र, राम-यंत्र और जयप्रकाश। इन यंत्रों में सम्राट-यंत्र बिल्कुल सही समय बताने वाली धूप-घड़ी है। इससे सूर्य की ऊँचाई भी नापी जा सकती है। राम-यंत्र से तारों की ऊँचाई तथा उनकी स्थिति का पता चलता है। जयप्रकाश से सभी ग्रहों की स्थिति को नापा जा सकता है। जयसिंह ने इन यंत्रों को अपनी मौलिक कल्पना के अनुसार विकसित किया। इससे वे उनके समय में कहीं अधिक सही और शुद्ध माने जा सकते थे। यही कारण है कि जयसिंह ने इन यंत्रों के आधार पर जो निरीक्षण किए तथा तालिकाएँ बनाईं, वे विश्वप्रसिद्ध खगोलज्ञों टालिनी तथा उलूगबेग की तुलना में कहीं ज्यादा सही लगती हैं।

एक खगोलज्ञ के रूप में राजा जयसिंह की कुछ स्पष्ट सीमाएँ भी हैं। अभी तक पृथ्वी को खगोल का केंद्र मानकर अध्ययन होते रहे थे तथा ऐसा माना जाता कि सभी खगोलीय पिंड पृथ्वी की परिक्रमा करते हैं। पर महान खगोलज्ञ कॉपरनिक्स ने अपने क्रांतिकारी निष्कर्षों से यह साबित कर दिया कि खगोल का केंद्र पृथ्वी नहीं, बल्कि सूर्य है तथा सभी ग्रह सूर्य के चारों ओर घूमते हैं। पृथ्वी के स्थिर होने की कल्पना गलत है। राजा जयसिंह के समय में कॉपरनिक्स का यह क्रांतिकारी विचार सामने आ चुका था। फिर भी राजा जयसिंह ने खगोल की भू-केंद्रित परिकल्पना के आधार पर ही अपने विचार और अवधारणाएँ सामने रखीं।

संभव है कि पंडित-पुजारियों के भय से उन्होंने ऐसा किया हो, क्योंकि ज यादातर धार्मिक ग्रंथों में भी पृथ्वी को स्थिर और सूर्य-चंद्र को उसकी परिक्रमा करते दर्शाया गया है। असलियत जो भी हो, एक प्रतिभाशाली खगोलज्ञ होते हुए भी अपनी धारणा में संशोधन न कर पाना उनकी कमजोरी ही मानी जाएगी। इसके बावजूद, आश्चर्य है, उनके बहुत निरीक्षण एकदम सही हैं। उनके जंतर-मंतर की गणनाएँ आज भी वैज्ञानिक दृष्टि से एकदम सही और उपयुक्त हैं। इससे खगोलज्ञ के रूप में उनकी धुन और असाधारण प्रतिभा का पता चलता है।

2 अक्तूबर, 1743 को इस विलक्षण खगोलविज्ञानी सम्राट का निधन हुआ। बेशक जब भी भारत के सर्वाधिक महत्वपूर्ण खगोलविज्ञानियों की चर्चा होगी, सवाई राजा जयसिंह द्वितीय का नाम उनमें जरूर शामिल किया जाएगा। उन्होंने सचमुच प्राचीन खगोलविज्ञान और आधुनिकता के बीच एक सार्थक कड़ी का काम किया।

22

पठाणि सामंत

उन्नीसवीं शताब्दी के महान खगोलविज्ञानी

(1835–1904)

19वीं शताब्दी के महान भारतीय खगोलविज्ञान पठाणि सामंत अपने अद्भुत व्यक्तित्व और कामों के बावजूद लगभग अजाने ही रहे। बहुत कम लोग उनकी महान उपलब्धियों और काम से परिचत हैं, जबकि संसार के अनेक जाने-माने वैज्ञानिकों में उनके होने को एक आश्चर्य की तरह माना है। इससे पता चलता है कि भारतीय वैज्ञानिकों के काम, जीवन-संघर्ष और उपलब्धियों को लेकर खुद हम भारतीयों का रवैया कैसी उपेक्षा और लापरवाही से भरा है।

पठाणि सामंत का पूरा नाम था महामहोपाध्याय पंडित सामंत चंदशेखर हरिचंदन महापात्र। पर अधिकतर लोग उन्हें पठाणि सामंत कहकर ही पुकारते थे। पश्चिमी जीवन-शैली से एकदम अलग उड़ीसा के जंगलों में रहते हुए भारतीय खगोलशास्त्रों का अध्ययन करके तथा अपनी आँखों के अवलोकन से उन्होंने ऐसे अद्भुत निष्कर्ष निकाले और खगोल सिद्धांत खोजे कि आज के समय में उन्हें आश्चर्य माने बिना काम नहीं चलता। यह अचरज तब और बढ़ जाता है, जब हमें पता चलता है कि उनके पास एक मामूली घड़ी तक नहीं थी और दूरबीन होने का तो प्रश्न ही नहीं था। सब कुछ खाली अपनी आँखों से देखकर उन्होंने जाना, बार-बार अवलोकन से निष्कर्ष निकाले और अथाह मेहनत के बल पर न सिर्फ प्राचीन भारतीय विद्वानों के सिद्धांतों और उनकी कमियों को दर्शाया, बल्कि इन

कमियों को दूर करके नए सिद्धांत गढ़कर भी दिखा दिए। इससे अंतरिक्ष के कई रहस्यों और ग्रहों की गतियों का पता चला।

13 दिसंबर, 1835 को उड़ीसा के खंडपाड़ा राज्य में जनमे पठाणि सामंत बचपन से प्रकृति-प्रेमी थे तथा प्रकृति और अंतरिक्ष की छवियों को निहारना उन्हें सर्वाधिक प्रिय लगता था। इसी ने ग्रहों-उपग्रहों और अंतरिक्षविज्ञान के प्रति उनमें रुचि उत्पन्न की। उन्हें इस संबंध में किसी योग्य विद्वान का मार्गदर्शन तक न मिला। पर हाँ, प्राचीन विद्वानों और खगोलशास्त्रियों के ग्रंथों ने उनका काफी मार्गदर्शन किया।

पठाणि के दादा जी खंडपाड़ा के राजा थे। पर राजपरिवार से होने पर भी उन्हें राज्य से कोई मदद नहीं मिली और शायद उन्होंने इसकी कभी इच्छा भी नहीं की। वे राजपरिवार के होने के गर्व, रोबदाब सबसे मुक्त होकर अपनी धुन में लीन रहे। अपने ढंग से अध्ययन किया और अपने ढंग से जिए। उनके पास प्रतिभा का अपार बल था। लिहाजा वे जिन व्यक्तियों के संपर्क में आते, वे उनकी योग्यता से अवश्य चकित रह जाते। खासकर महामहोपाध्याय महेशचंद न्यायरत्न उनके खगोलविज्ञान और विद्वत्ता से खासे प्रभावित थे। पठाणि सामंत से मिलने के बाद उन्हें लगा कि बिजली जैसी धधकती प्रतिभा वाला एक व्यक्ति उनके आगे खड़ा है। पर वे स्वयं खगोलविज्ञान के बारे में ज्यादा न जानते थे। इसलिए पठाणि सामंत की बातों की सत्यता जाँचने के लिए उन्होंने अपने मित्र योगेशचंद राय से कहा।

योगेशचंद राय ने पठाणि सामंत की बातों को सुनकर उनके तर्कों, सिद्धांतों और उनके पीछे के गहन गंभीर अध्ययन को समझा, तो चकित रह गए। पठाणि सामंत के सिद्धांत इस कदर तार्किक और सही थे कि उन्हें लगा, पढ़े-लिखे समाज में इसका प्रचार किया जाना जरूरी है, ताकि लोग भारतीय खगोलविज्ञान की उपलब्धियों, निरंतर शोध और उसकी ऊँचाई से परिचित हो सकें। पर पठाणि सामंत जितना अध्ययन में गहरे डूबे हुए थे, प्रचार-प्रसार से उतने ही दूर रहने थे। तब आखिर योगेशचंद राय ने ही उनके विचारों और उनकी पुस्तक को अपनी संपादकीय टीप के साथ छपवाया। और तब भारत और विश्व के वैज्ञानिकों ने पठाणि सामंत की प्रतिभा की चमक देखी। आश्चर्य इस बात का था अपनी साधनहीनता के बावजूद सिर्फ आँखों के अवलोकन के जरिए हासिल किए पठाणि सामंत के निष्कर्ष एकदम सही थे। उनकी खगोलशास्त्र में काम करने की धुन कितनी गहरी थी, यह इससे पता चलता है कि जहाँ कहीं सूर्य या चंद्रग्रहण

दिखाई देने की संभावना होती, वहाँ मीलों चलकर वे जाते और सूर्य, चंद्र और आकाश की स्थितियों का अध्ययन करते। इसके लिए उन्होंने अपने लिए कुछ खासे मौलिक यंत्र भी बना लिए थे, जिनसे दूरबीन की कमी को काफी हद तक उन्होंने पूरा कर लिया था।

पठाणि सामंत ने खगोलशास्त्र संबंधी अपने संपूर्ण अध्ययन को 'सिद्धांत दर्पण' पुस्तक में रूप और आकार दिया, जो अपने ढंग का अनोखा ग्रंथ है। इसमें पुराने समय की विद्वानों के खगोलशास्त्र संबंधी अध्ययन और सिद्धांतों की टीकाएँ हैं, उनकी भूलों के संशोधन है और फिर नए संशोधित सिद्धांत भी दे दिए गए हैं। पठाणि सामंत ने अपना यह ग्रंथ संस्कृत भाषा में ताड़-पत्र पर लिखा, लेकिन उसकी लिपि उड़िया लिपि थी। बाद में अंग्रेजी में उनके अनुवाद छपे, तो विश्व के अन्य वैज्ञानिकों का ध्यान भी उनकी तरफ गया।

'नेचर' और 'नॉलेज' जैसी अंतर्राष्ट्रीय महत्व की ज्ञान-विज्ञान पत्रिकाओं ने पठाणि सामंत के कामों, उपलब्धियों और उनके अनोखे खगोलविज्ञान की जमकर तारीफ की है। बाद में चलकर पठाणि सामंत के पौत्र ने उनकी जीवनी लिखी, तब उनके जीवन-संघर्ष और मुश्किलों के बारे में पता चला, जिनसे गुजरकर और अथाह कष्ट झेलकर इस महान खगोलविज्ञानी ने अपने सिद्धांत खोजे। जर्मनी, ब्रिटेन, फ्रांस, अमेरिका जैसे देशों में वैज्ञानिकों ने पठाणि सामंत पर लिखी इस पुस्तक को मँगवाया और उनके जीवन और कामों पर शोध का लंबा सिलसिला चल निकला।

पठाणि सामंत ने रात को आकाश देखने के लिए बाँस और लकड़ियों की मदद से जो छोटे-छोटे मामूली उपकरण बनाए, उससे उनकी वैज्ञानिक सूझ और मौलिकता पता चलती है। कम से कम आधुनिक युग में उनसे बड़ा मौलिक विचारों वाला खगोलविज्ञानी कोई दूसरा नहीं हुआ। 11 जून, 1904 को उनका निधन हुआ। खेद है कि ऐसे असाधारण खगोलविज्ञानी के बारे में भी हम भारतीय कितना कम जानते हैं!

23

सर गंगाराम

भारत के महान स्वप्नद्रष्टा इंजीनियर

(1851–1927)

सर गंगाराम का नाम भारत के उन प्रतिभाशाली, स्वप्नद्रष्टा इंजीनियरों में बड़े आदर के साथ लिया जाता है, जिन्होंने वैज्ञानिक दृष्टि से संपन्न एक नए और औद्योगिक भारत की नींव रखी। वे महान देशभक्त थे, पर उनका विश्वास था कि बिना वैज्ञानिक प्रगति के भारत तरक्की नहीं कर सकता। उनका कहना था कि अगर किसी देश की जनता का पेट भूखा है तो वह देश कभी उन्नति नहीं कर सकता। और जनता का पेट भरने के लिए हमें देश के उद्योगों का विकास करना होगा। सर गंगाराम इतने धुनी और प्रतिभावान इंजीनियर थे कि उन्हें देश-निर्माण की बड़ी-बड़ी योजनाएँ सौंपी गईं और उन्होंने ऐसे अचरज भरे काम करके दिखा दिए कि अंग्रेज सरकार तक उनकी सफलता से मुग्ध थी। इसीलिए उन्हें 'सर' उपाधि से सम्मानित किया गया।

13 अप्रैल, 1851 को पंजाब के शेखूपुरा जिले के मंगतवाली गाँव में जनमे गंगाराम बचपन से ही बड़े मेधावी, धुनी और अध्ययनशील थे। उन्हें शुरू से ही एक विलक्षण बालक समझा जाता था। उनके पिता लाला दौलतराम पुलिस में थे। बाद में वे अमृतसर आ गए। गंगाराम की पढ़ाई भी पहले अमृतसर और फिर लाहौर में हुई। रुड़की के थॉमसन इंजीनियरिंग कॉलेज में उन्होंने इंजीनियरिंग की पढ़ाई की। इसके बाद लाहौर में उन्होंने सहायक इंजीनियर के रूप में काम

शुरू किया। कुछ समय बाद अमृतसर-पठानकोट रेलवे लाइन बिछाने की योजना बनी, तो सर गंगाराम को ही उसे पूरा करने का ही जिम्मा दिया गया। उन्होंने बड़ी कुशलता से उसे पूरा कर दिखाया। कुछ समय बाद वे लाहौर में एक्जीक्यूटिव इंजीनियर बने और हीरामंडी वाटरवर्क्स, मेयो स्कूल ऑफ आर्ट्स, गिरजाघर समेत कई प्रसिद्ध इमारतों को पूरा करवाया। इस नौकरी से अवकाश ग्रहण करने पर भी उनके कदम रुके नहीं। उनकी प्रतिभा से प्रभावित होकर उन्हें पटियाला बुलाया गया। वहाँ का मोतीबाग महल और सचिवालय समेत कई ऐतिहासिक महत्व की इमारतें उन्होंने बनवाईं। इसी तरह बनारस हिंदू विश्वविद्यालय के निर्माण के लिए मालवीय जी ने उनसे सलाह देने का आग्रह किया। उसकी भवन-रचना उन्हीं के निर्देश के अनुसार बनी।

पर गंगाराम के जीवन का इससे भी अधिक महत्वपूर्ण कार्य अभी होना बाकी था। यह एक ऐसा करिश्माई काम था जिसने आगे चलकर पूरे भारत में हरित क्रांति का बीज बो दिया। सर गंगाराम ने देखा कि पंजाब की जमीन का एक बड़ा भाग सिंचाई के साधनों के अभाव में बंजर पड़ा है। कारण यह था कि वह जमीन नदियों की सतह से काफी ऊँची थी। नदी जल से फिर भला उसकी सिंचाई कैसे की जाए? गंगाराम ने कहा कि आज इंजीनियरिंग इस अवस्था में आ गई है कि 'उत्कर्ष सिंचाई' यानी जल-सतह से कई फुट ऊँची जमीन की सिंचाई करना भी संभव है। यह सुनकर सभी चकित थे।

सर गंगाराम ने इस बारे में प्रयोग करने की बात कही तो उन्हें काफी जमीन इस काम के लिए उन्हें मिल गई। यह जमीन लायलपुर में थी और शहर के पानी से आठ-नौ फुट ऊँची थी। भयंकर गरमी के दिनों में भी रात-दिन तपते हुए वे अपने काम में जुटे हुए थे। वहाँ तक मशीनें लाना भी कठिन काम था। पर धुन के पक्के गंगाराम डिगे नहीं। आखिर उन्होंने वहाँ ऐसी फसल उपजाकर दिखा दी कि लोगों को लगा, यह तो हकीकत नहीं, सपना है! देश में हर जगह उनकी वाह-वाही हो रही थी। फिर तो पंजाब ही नहीं, देश के अन्य हिस्सों में भी उनकी सिंचाई की अनोखी तरकीब अपनाई गई और पूरे देश में हरित क्रांति की नींव रख दी गई।

इसके बाद गंगाराम के मन में पानी से बिजली पैदा करने का खयाल आया। उन्होंने सोचा कि पंजाब में कई नहरें बनाई गई हैं। इनसे बिजली क्यों नहीं बनाई जा सकती? सरकार ने उन्हें काफी बड़ी बंजर जमीन अपना काम पूरा करने के

लिए दी और गंगाराम अपने सपनों को पूरा करने में जुट गए। उन्होंने रेनलाखुर्द में पनबिजली घर बनाया। जगह-जगह लोहे के खंभे लगाए गए।

पर मुश्किल यह थी कि यहाँ पानी सिर्फ दो फुट की ऊँचाई से गिरता था, तो फिर बिजली कैसे बनती! आखिर उसमें से एक छोटी नहर निकाली गई। फिर इंतजाम यह हुआ कि पानी अब छह फुट से गिरने लगा। इसके बाद खास तरह के टरबाइन लगाए गए। भाप से चलने वाली मशीनें लाई गईं। मीलों लंबी नालियाँ, नहरें और पुल बने। और आखिर सर गंगाराम ने इतनी कम ऊँचाई से गिरने वाले पानी से भी बिजली पैदा करके दिखा दी। यह सचमुच एक अद्‌भुत वैज्ञानिक करिश्मा था!

सर गंगाराम के मन में देश की सेवा करने की बड़ी तड़प थी। उनके पास जो भी वैज्ञानिक योग्यता थी, उसे उन्होंने देश के नवनिर्माण में लगाया। उनका सपना था कि भारत औद्योगिक रूप से संपन्न बने और उसे बहुत कुछ उन्होंने अपने सामने कर दिखाया। गरीबी का दर्द वे जानते थे, इसलिए गरीब और असहाय लोगों की सेवा ही उन्हें सच्ची देशभक्ति लगती थी। उन्होंने गरीबों और विधवाओं की मदद के लिए कई संस्थाएँ बनाईं। छात्रों को शिक्षा में प्रोत्साहन देने के लिए भी काफी काम किया।

गरीबों के इलाज तथा देश के लोगों के लिए समुचित चिकित्सा-सुविधाएँ जुटाने के उद्‌देश्य से सर गंगाराम ने जगह-जगह अस्पताल बनवाए। आज भी सर गंगाराम ट्रस्ट के अंतर्गत ये अस्पताल अच्छी तरह काम कर रहे हैं। इनमें एक अस्पताल दिल्ली में भी है जो काफी जाना-माना और प्रतिष्ठित है।

बड़े दिल और बड़े इरादों वाले विलक्षण वैज्ञानिक सर गंगाराम जीवन के आखिर पल तक किसी तपस्वी की तरह अपने काम में लगे रहे। 10 जुलाई 1927 को 76 वर्ष की अवस्था में उन्होंने आखिरी साँस ली। पर इस महान स्वप्नदर्शी इंजीनियर ने एक नए, उन्नत भारत का जो सपना देखा था, वह आज काफी हद तक पूरा हो गया है।

24

जगदीशचंद्र बसु

आधुनिक भारत के सिरमौर वैज्ञानिक

(1858–1937)

जगदीशचंद्र बसु की गिनती आधुनिक भारत के सिरमौर वैज्ञानिकों में होती है। पेड़-पौधों और निर्जीव समझी जाती धातुओं और अन्य पदार्थों में भी जीवन दिखाकर जगदीशचंद्र बसु ने विज्ञान-जगत में एक नया इतिहास रचा। उन्होंने एक ओर सजीव और निर्जीव के बीच की चौड़ी खाई को कम किया, तो दूसरी ओर विज्ञान और दर्शन के बीच की विभेदक रेखा को खत्म करते हुए विज्ञान को भारतीय चिंतन और दर्शन के निकट पहुँचाया।

जगदीशचंद्र बसु का जन्म 30 नवंबर 1858 को बंगाल (अब बांग्लादेश) के मेमनसिंह नामक नगर में हुआ था। उन्हें बचपन से ही तरह-तरह के जानवरों से प्रेम था। उनके स्वभाव और रहन-सहन का अध्ययन करना उन्हें अच्छा लगता था। जगदीशचंद्र बसु के पिता भगवानचंद्र बसु डिप्टी कलेक्टर थे। वे पश्चिमी सभ्यता को पसंद नहीं करते थे। इसलिए शुरू में जगदीशचंद्र बसु को ऐसे स्कूल में पढ़ाया गया जहाँ उन्हें आदिवासियों और गरीब ग्रामीण बच्चों के साथ रहने और खेलने का मौका मिला। जगदीशचंद्र बसु को यह अच्छा लगा और उनके बहुत से संस्कार यहाँ बने जो जीवन भर उन्हें दिशा दिखाते रहे। बाद में कलकत्ता के सेंट जेवियर स्कूल में उन्हें दाखिल दिलाया गया। यहाँ अंग्रेज और एंग्लो इंडियन छात्र

बहुत थे जो शुरू में जगदीशचंद्र बसु का बहुत मजाक उड़ाते और उन्हें तंग करते थे। एक दिन तंग आकर उन्हें दुष्ट मुक्केबाज लड़के की पिटाई करनी पड़ी। पर इसके बाद किसी ने उन्हें तंग करने का साहस नहीं दिखाया।

जगदीशचंद्र बसु की आगे की पढ़ाई सेंट जेवियर कॉलेज में हुई। यहीं उन्हें प्रोफेसर फादर लिफांट का साथ मिला, जिन्होंने जगदीशचंद्र बसु को भौतिक विज्ञान और गणित पढ़ने के लिए प्रोत्साहित किया, पर जगदीशचंद्र बसु के भीतर कुछ और चल रहा था। उन्हें जीव-जंतुओं से अथाह प्रेम था। इस कारण वे डॉक्टर बनने की सोचा करते थे। लंदन में मेडिसन में उन्होंने दाखिल ले लिया। पर वहाँ जिन रसायनों का उपयोग होता था, उनसे उन्हें एलर्जी हो गई। अत: वे पढ़ाई बीच में छोड़कर लौट आए।

इसके बाद उन्हें कैंब्रिज के क्राइस्ट कॉलेज में पढ़ने के लिए भेजा गया। यहाँ लार्ड रैले, फ्रांसिस डार्विन, और सिडनी विनिया सरीखे अध्यापकों ने उन्हें पढ़ाया। देखते-देखते ही देखते जदगीशचंद्र बसु के भीतर ज्ञान-विज्ञान के नए क्षितिज खुलने लगे। भारत आने पर कलकत्ता के प्रेजीडेंसी कॉलेज में सहायक प्राध्यापक पद पर उनकी नियुक्ति हो गई। यहाँ बसु को अंग्रेजों की तुलना में आधा वेतन मिल रहा था। शोध की सुविधाएँ भी नहीं दी गई। बसु ने तीन साल तक तो वेतन को छुआ नहीं। आखिर कॉलेज की प्रबंध समिति को यह गलत निर्णय वापस लेना पड़ा और जगदीशचंद्र बसु को अंग्रेज प्राध्यापकों के बराबर ही वेतन मिलने लगा।

बसु अब पूरी तरह अध्ययन और अनुसंधान में डूब गए। उन्होंने बेतार के तार की खोज की और उसका सफल प्रदर्शन भी किया। पर इस खोज का पेटेंट न कराने के कारण इसका श्रेय मारकोनी को दिया गया। बाद में इंग्लैंड की एक पत्रिका ने यह बात छापी तो सारे संसार का ध्यान जगदीशचंद्र बसु की ओर गया।

सन् 1900 में पैरिस में भौतिकी की अंतर्राष्ट्रीय कॉनफ्रेंस हुई, जिसमें बसु ने अपना प्रसिद्ध शोध-पत्र पढ़ा। उन्होंने जोर देकर कहा कि पेड़-पौधों तथा धातुओं को निर्जीव कहना गलत है। उनमें भी वैसा ही जीवन है, जैसा जीव-जंतुओं में नजर आता है। हाँ, उसे अधिक गौर से देखने की जरूरत पड़ती है। उन्होंने गाजर और शलगम की पत्तियों पर इसका प्रयोग करके अपनी साबित की। बाद में लंदन में लीनियन सोसाइटी के आमंत्रण पर वे गए और अपना शोध-पत्र पढ़ा। रॉयल सोसाइटी ने शुरू मे उनका शोध-पत्र अस्वीकार कर दिया था। पर बाद में उसे

प्रकाशन के लिए मंजूर कर लिया। इससे बसु की ख्याति और अधिक बुलंदियों पर पहुँची। देखते-देखते ही सारी दुनिया में उनका यह विचार फैल गया कि सजीव और निर्जीव समझी जाने वाली चीजों के बीच इतनी चौड़ी खाई नहीं है, जैसा कि दुर्भाग्य से समझ लिया जाता है।

बसु का कहना था कि जब पेड़-पौधे बिना फेफड़ों के साँस ले सकते हैं, बिना आमाशय और माँसपेशियों के भोजन पचा सकते हैं, तो बिना तंत्रिका-तंत्र के महसूस क्यों नहीं कर सकते? उनमें भी आदमी जैसी ही संवेदनशीलता होती है। पौधों की उत्तेजना और संवदेनशीलता के प्रभाव के अध्ययन के लिए बसु ने रेगेनेंट रिकॉर्डर, फाइटोग्राफ फोटोसिंथेटिक रिकॉर्डर और केश्कोग्राफ जैसे कई अद्‌भुत यंत्र बनाए। इन यंत्रों की खासियत यह थी कि ये पौधों की वृद्धि या उन पर पड़ने वाले प्रभावों को कई गुना बढ़ाकर दिखा सकते थे। शुरू में बसु के विचार की खिल्ली उड़ाने लोग भी कम न थे। पर धीरे-धीरे सभी गंभीर वैज्ञानिकों ने उनके मत को मान लिया। पूरी दुनिया में जगदीशचंद्र बसु की धूम मच गई।

23 नवंबर 1937 को जगदीशचंद्र बसु का देहावसान हुआ। पर आधुनिक भारत में विज्ञान का परचम लहराने वाले इस महान वैज्ञानिक का काम आगे आने वाली सदियों तक हमें राह दिखाता रहेगा।

25

प्रफुल्लचंद्र राय

आधुनिक भारत के महान रसायनज्ञ

(1861–1944)

प्रफुल्लचंद्र राय आधुनिक भारत के उन मनीषियों में से हैं, जिन्होंने बहुत से कष्ट उठाकर भी अपनी गहरी सूझ-बूझ से भारत की वैज्ञानिक प्रगति का पथ-प्रशस्त किया और उसे जनता के कल्याण और सेवा भाव से गहराई से जोड़ा। लिहाजा विज्ञान भी उनके लिए मानवता की सेवा का एक साधन ही था। आधुनिक भारत में रसायनशास्त्र की नींव रखने वाले इस महान वैज्ञानिक का व्यक्तित्व इतना सादा था कि देखकर लोग चकित होते थे। उनसे प्रेरणा लेकर हजारों नवयुवक विज्ञान की ओर आकर्षित हुए और उनमें से कई तो विख्यात वैज्ञानिक बने।

2 अगस्त, 1861 को खुलना जिले के राड़ूली गाँव में जनमे प्रफुल्लचंद्र राय बचपन से ही बड़े मेधावी और धुनी थे तथा ज्यादातर समय अपने अध्ययन मे डूबे रहते थे। उनके पिता हरिश्चंद्र राय प्रतिष्ठित व्यक्ति थे तथा फारसी के विद्वान थे। उनका विचार था कि हमें अंग्रेजी और भारतीय दोनों भाषाएँ सीखनी चाहिए। पाश्चात्य तथा भारतीय दोनों तरह का ज्ञान प्राप्त करके ही व्यक्तित्व का संतुलित विकास हो सकता है। शिक्षा के प्रचार-प्रसार में रुचि होने के कारण अपने गाँव में ही उन्होंने एक स्कूल खुलवाया था। शुरू में प्रफुल्लचंद्र राय इस स्कूल में पढ़े थे। बाद में पिता के कोलकाता आ जाने पर प्रफुल्लचंद्र राय ने कोलकाता के हेयर स्कूल में शिक्षा हासिल की। कुछ समय बाद गंभीर रूप से अस्वस्थ होने जाने के कारण उनकी पढ़ाई रुक गई, लेकिन घर पर रहते हुए प्रफुल्लचंद्र राय

ने गोल्ड स्मिथ, एडीसन आदि की रचनाएँ पढ़ीं। पढ़ने-लिखने का यह शौक उनमें अंत तक बना रहा और उससे उनके व्यक्तित्व में खुलापन आया। उन्हीं दिनों ब्रह्मसमाज के प्रति भी उनके मन में आकर्षण पैदा हुआ। केशवचंद सेन के ओजस्वी व्याख्यानों को वे बड़ी रुचि से सुनते थे।

कलकत्ता के प्रेजीडेंसी कॉलेज में पढ़ने के बाद आगे की पढ़ाई के लिए वे इंग्लैंड गए और एडिनबरा में छह साल तक उन्होंने अध्ययन किया। वहाँ से उन्होंने विज्ञान की सबसे ऊँची डिग्री डी.एस-सी. हासिल की। भारत लौटने के बाद उनके मन में यह धुन समा गई कि जैसे भी हो, भारत को विज्ञान के प्रगति-पथ पर आगे बढ़ाया जाना चाहिए। उनका दृढ़ विचार था कि विज्ञान के जरिए ही भारत आगे बढ़कर दुनिया के प्रमुख राष्ट्रों में अपनी गिनती करवा सकता है। उनका मानना था कि प्राचीन काल में भारत वैज्ञानिक दृष्टि से खासा उन्नत था। लेकिन बाद में चलकर भारत में धर्म के नाम पर रूढ़ियाँ और पोंगापंथ उभर आया, जिसने देश के वैज्ञानिक विकास के रास्ते में बड़ी रुकावट डाली। इस तरह यह देश पतन की ओर चला गया।

प्रफुल्लचंद्र राय के इन विचारों को पढ़कर लोग चकित रह गए तथा भारत के प्राचीन वैज्ञानिकों के कामों और आविष्कारों की ओर सारी दुनिया का ध्यान गया। अपने इन्हीं विचारों को आधार बनाकर तथा खूब शोध करके उन्होंने अपना महान ग्रंथ 'हिस्ट्री ऑफ हिंदू केमिस्ट्री' लिखा, जिसने खासी हलचल मचा दी तथा देश-विदेश के हजारों वैज्ञानिकों का ध्यान आकर्षित किया। इसे पढ़कर पता चलता है कि पुराने जमाने में भारत विज्ञान में सारी दुनिया से आगे था। रसायनशास्त्र तथा कीमियागरी में यहाँ ऐसी-ऐसी खोजों हो चुकी थीं, जिनका बहुत बाद तक भी अन्य देशों को कुछ पता नहीं था।

स्वयं प्रफुल्लचंद्र राय ने कई ऐसी महत्वपूर्ण वैज्ञानिक खोजें कीं, जिन्होंने सारे संसार के वैज्ञानिकों को प्रभावित किया। खासकर सन् 1895 में मरक्यूरियस नाइट्रेट की खोज से प्रफुल्लचंद्र राय का नाम तेजी से विज्ञान-जगत में फैला। इस तरह डॉ. राय की कोशिशों से वैज्ञानिक उपलब्धियों के क्षेत्र में संसार में भारत का नाम भी आदर के साथ लिया जाना लगा।

प्रफुल्लचंद्र राय सिर्फ कहते ही नहीं थे, बल्कि जो कहते थे, उसे कर दिखाते थे। यही कारण है कि उन्होंने स्वयं तो विज्ञान के क्षेत्र में उल्लेखनीय काम किया ही, साथ ही विज्ञान के छात्रों की भी निरंतर सहायता करते रहे। विज्ञान

के प्राध्यापक के रूप में उन्हें अच्छा-खासा वेतन मिलता, पर वे उसमें से अपने जीवन-निर्वाह के लिए बस थोड़ा सा धन लेते। बाकी पैसा वे विज्ञान के छात्रों को छात्रवृत्तियों के रूप में दे दिया करते थे। यहाँ तक कि फीस देने में परेशानी हो या कोई और मुश्किल आए, तो खुद परेशानी में होने पर भी, वे अपनी ओर से धन देकर विद्यार्थियों को आगे पढ़ने और काम करने के लिए प्रोत्साहित करते थे।

रसायनशास्त्र के क्षेत्र में भारत को आगे बढ़ाने के लिए डॉ. राय ने बहुत छोटी सी पूँजी से बंगाल केमिकल वर्क्स की स्थापना की, जिसने देखते ही देखते खासी तरक्की की। प्रफुल्लचंद्र राय की सूझ-बूझ और तपस्या को अब सभी ने मान लिया था।

अनेक लोग उनके भक्त थे। उनके शिष्यों में मेघनाद साहा, रसिकलाल दत्त और नीलरतन धर भी थे, जिन्होंने आगे चलकर काफी काम किया और नाम कमाया। प्रफुल्लचंद्र राय का बंगाल के नवयुवकों पर इतना गहरा प्रभाव था कि कभी-कभी लोग उनसे कहते थे कि वे राजनीति में आ जाएँ। इस पर उनका जवाब होता था, "देश को वैज्ञानिकों की भी जरूरत है। जब देश में तीस रसायनशास्त्री पैदा हो जाएँगे, तब मैं अपना काम छोड़कर राजनीति में काम करने लगूँगा।"

यह कम आश्चर्य की बात नहीं कि एक ओर प्रफुल्लचंद्र राय देश के वैज्ञानिक विकास के प्रबल पक्षधर थे, तो दूसरी ओर गाँधीजी के चरखे का जोरदार ढंग से समर्थन करते थे। उनका मानना था कि भले ही बड़ी-बड़ी मिलों के आगे चरखा न ठहर पाए, पर इससे गरीब जनता की बड़ी सेवा हो सकती है।

16 जून, 1944 को भारत के इस महान रसायनविज्ञानी का निधन हुआ। वे देश के सच्चे सपूत थे, जो देश की वैज्ञानिक प्रगति के लिए हर क्षण व्यग्र रहते थे। सच तो यह है कि आज भारत वैज्ञानिक दृष्टि से जितना आगे बढ़ा है, वह कभी संभव न हो पाता अगर डॉ. प्रफुल्लचंद्र राय जैसे मनीषियों का उसे मार्गदर्शन न मिलता।

सच ही वे ऐसे विज्ञानी थे, जिन्हें 'आधुनिक विज्ञान का ऋषि' कहा जा सकता है।

26

मोक्षगुंडम विश्वेश्वरैया

एक महान कल्पनाशील इंजीनियर

(1861–1962)

मोक्षगुंडम विश्वेश्वरैया की गिनती भारत के महान इंजीनियरों में होती है, जिनके पास विज्ञान की अगाध जानकारी ही नहीं, हृदय में देशभक्ति का तूफान और देश के विकास के लिए जीने-मरने की तड़प भी थी। सच तो यह है कि भारत के महान स्वाधीनता सेनानियों और राजनेताओं ने स्वाधीनता संग्राम में भाग लेकर देश की जितनी सेवा की, मोक्षगुंडम विश्वेश्वरैया ने नदियों पर विशालकाय बाँध बनवाकर तथा इस्पात कारखाने खोलकर देश की प्रगति में उससे कम योगदान नहीं दिया।

15 सितंबर, 1861 को कर्नाटक के कोलार जिले के मदनहल्ली गाँव में जनमे विश्वेश्वरैया बचपन से ही खासे अध्ययनशील थे। माँ-बाप गरीब थे, जो उनकी पढ़ाई का खर्च नहीं उठा सकते थे। इसलिए वे जैसे-तैसे ट्यूशन पढ़ाकर अपनी फीस वगैरह का इंतजाम कर रहे थे। उनके कॉलेज के अंग्रेज प्रिंसिपल उनकी प्रतिभा देखकर मुग्ध थे। उन्होंने अपने इस बुद्धिमान छात्र की प्रशंसा में एक पत्र लिख भेजा। इससे न सिर्फ इंजीनियरिंग कॉलेज में उनका दाखिला हो गया, बल्कि साथ ही वजीफा भी मिलने लगा। इससे विश्वेश्वरैया के लिए राह आसान हो गई और वे रात-दिन अपने अध्ययन में डूब गए।

इंजीनियरिंग की पढ़ाई पूरी कर लेने के बाद विश्वेश्वरैया मुंबई के सार्वजनिक निर्माण विभाग में सहायक इंजीनियर के पद पर काम करने लगे। उनकी साफगोई से पहले तो उच्च अधिकारी कुछ नाराज हुए पर विश्वेश्वरैया की काम करने की क्षमता और गुणों का जैसे-जैसे उन्हें पता चला, वे जमकर उनकी तारीफ करने लगे। इसके बाद तो उन्हें एक से एक ऊँचे पद मिलते गए। जिन कामों को अंग्रेज अधिकारी भी करते हुए डरते थे, उन्हें विश्वेश्वरैया ने हाथ में लिया और जल्दी ही पूरा करके दिखाया।

सरकारी नौकरी से मुक्त होने के बाद विश्वेश्वरैया ने हैदराबाद सरकार के अनुरोध पर रियासत में विशेष सलाहकार इंजीनियर के रूप में काम करना शुरू कर दिया। उस समय हैदराबाद का निजाम वहाँ की बाढ़ की हालत से परेशान था, जिसके कारण जनता बहुत तकलीफें झेल रही थी और रियासत को भारी जान-माल की हानि हो रही थी। विश्वेश्वरैया ने समस्या को भाँपकर कावेरी नदी पर कृष्णराज बाँध बनवाया। यह इतना विशाल और शानदार बाँध था कि विश्वेश्वरैया के इस चमत्कार को देख, सब वाह-वाह कर उठे। इस बाँध के बनने से जनता को पानी और बिजली की खासी सुविधा हो गई।

कुछ समय बाद मैसूर राज्य के दीवान पद पर काम करते हुए विश्वेश्वरैया ने राज्य में एक से बढ़कर एक कल-कारखानों की श्रृंखला कायम की। विश्वेश्वरैया का यश चारों तरफ इस कदर फैल चुका था कि 92 वर्ष की अवस्था में उन्हें बिहार में, मोकामा में गंगा पर बनाए जा रहे पुल के बारे में सलाह देने के लिए कहा गया।

विश्वेश्वरैया खासे बूढ़े हो चुके थे, पर इस अवस्था में भी उन्होंने खुद निर्माण-स्थल पर जाकर तथा वहाँ आसपास के क्षेत्र का दौरा करके पर्याप्त अध्ययन किया। और आखिर उन्हें एक बड़े काम को पूरा करने में सफलता हासिल हुई। सन् 1955 में उन्हें भारत सरकार द्वारा दी जाने वाली सबसे बड़ी उपाधि 'भारत-रत्न' से सम्मानित किया गया।

विश्वेश्वरैया को लंबी उम्र मिली थी। 14 अप्रैल 1962 को 101 वर्ष की अवस्था में एकदम संतों की तरह सीधा-सरल जीवन जीने वाले भारत के इस महान वैज्ञानिक और प्रतिभाशाली इंजीनियर का निधन हुआ।

भारत में नए निर्माण की आधारशिला रखने वाली महान विभूतियों में आज भी विश्वेश्वरैया के नाम और काम की बड़े आदर के साथ चर्चा होती है।

27

डॉ. गणेशप्रसाद

आधुनिक भारत के विलक्षण गणितज्ञ

(1876–1935)

आधुनिक भारत के जिन दिग्गज गणितज्ञों ने अपनी मेधा और प्रतिभा से सारी दुनिया का ध्यान आकर्षित किया, उनमें डॉ. गणेशप्रसाद का नाम बड़े आदर से लिया जाता है। वे ऐसे असाधारण प्रतिभाशाली वैज्ञानिक थे, जिनके उदय को दुनिया ने आश्चर्य की तरह देखा और जिनके अनेक शोध-लेखों और स्थापनाओं का आज भी गणित के नए अनुसंधानों में उपयोग होता है। यही नहीं, बल्कि गणेशप्रसाद ऐसे प्रतिभाशाली व्यक्ति थे, जिन्होंने सारे भारत में आधुनिक गणित और विज्ञान के लिए उपयुक्त वातावरण बनाने के लिए अपने जीवन का एक-एक क्षण समर्पित कर दिया।

15 नवंबर, 1876 को उत्तर प्रदेश के बलिया नगर में जनमे डॉ. गणेशप्रसाद बचपन से ही औरों से अलग थे। विलक्षण प्रतिभा होने के कारण सभी का ध्यान उनकी तरफ जाता था। इसके बावजूद पाँचवीं कक्षा में वे गणित विषय में फेल हो गए। इससे बालक गणेशप्रसाद को इतना धक्का लगा कि उन्होंने गणित को पढ़ने और समझने के लिए दिन-रात परिश्रम करना शुरू कर दिया। जल्दी ही गणित में उन्होंने ऐसी महारत हासिल कर ली कि अपने से बड़ी कक्षाओं के विद्यार्थियों को भी गणित में आने वाली मुश्किलों में वे मदद कर देते थे। विद्यार्थी काल में ही उनका विवाह हो गया था। पत्नी के अचानक निधन हो जाने के बाद उन्होंने दूसरा

विवाह करने से इनकार कर दिया और बड़े प्यार से अपनी नन्ही बेटी को पालने लगे। एम.ए. की परीक्षा में कुछ ही दिन बाकी थे कि अचानक बेटी भी चल बसी। गणेशप्रसाद मर्माहत हो उठे। पर किसी तरह उन्होंने अपने आँसू पी लिए। अपने दुख पर काबू पाकर परीक्षा देने गए और जब नतीजा आया तो लोग चकित रह गए। वे प्रथम श्रेणी में उत्तीर्ण हुए थे। इलाहाबाद विश्वविद्यालय से उन्होंने बी.एस-सी. की उपाधि हासिल की थी। फिर एक छात्रवृत्ति के तहत आगे शोध के लिए कैंब्रिज विश्वविद्यालय गए। वहाँ गणित के महान विद्वान क्लापमैन डॉ. गणेशप्रसाद की प्रतिभा से बेहद प्रभावित हुए। उनका कहना था, "गणेशप्रसाद के रूप में गणित की दुनिया में एक ऐसा तारा उगा है, जो अपने से पहले के सभी तारों के प्रकाश को धूमिल कर देगा!"

डॉ. गणेशप्रसाद अभी विद्यार्थी ही थे कि उनके शोध-पत्र देश-विदेश की महत्वपूर्ण पत्रिकाओं और जर्नल्स में छपने लगे थे और तमाम जाने-माने वैज्ञानिकों का ध्यान उनकी ओर आकृष्ट हुआ। उनका एक शोध-पत्र 'इलिप्टीकल फंक्शंस एंड स्फेरिकल हारमोनिक्स' तो बहुत मशहूर है। इस शोध-पत्र में उन्होंने बड़े-बड़े गणितज्ञों की भूलें दिखाई हैं तथा उनके निष्कर्षों में सुधार करते हुए अपनी नई और मौलिक स्थापनाएँ दी हैं। इस शोध-पत्र के प्रकाशन के बाद तो सारे संसार के गणितज्ञों और वैज्ञानिकों का ध्यान उनकी ओर गया और चारों ओर से उन्हें प्रशंसा मिली। जर्मनी से उन्हें वहाँ आने के लिए निमंत्रण मिला। जर्मनी पहुँचने पर वहाँ के विश्वप्रसद्धि गणितज्ञ जार्ज कानटोर स्वयं गणेशप्रसाद से मिलने के लिए आए। उन्होंने गणेशप्रसाद को आशीर्वाद देते हुए कहा, "तुम्हारी कीर्ति की खुशबू उसी तरह फैले, जिस तरह कस्तूरी की खुशबू फैलती है।"

कैंब्रिज से डिग्री हासिल करने के बाद डॉ. गणेशप्रसाद जर्मनी के नाटगर्न नगर में गए, जहाँ जैमल फील्ड और हिलबर्ड सरीखे गणित के विद्वानों के साथ उन्होंने उच्च स्तर पर शोध-कार्य किया। वहाँ से भारत लौटने के बाद वे म्योर सेंटर कॉलेज, इलाहाबाद में गणित पढ़ाने लगे। कुछ समय बाद काशी के क्वींस कॉलेज में उनकी नियुक्ति हुई। कोलकाता विश्वविद्यालय के कुलपति आशुतोष मुखर्जी ने उनकी प्रतिभा को पहचाना और उन्हें कोलकाता विश्वविद्यालय में प्रयोगात्मक गणित के प्रोफेसर के रूप में नियुक्त किया।

यहाँ रहते हुए भी डॉ. गणेशप्रसाद का अध्ययन और गणित को लेकर उनकी खोजें निरंतर जारी रहीं। फूरिये सीरीज को लेकर उनका काम आज भी कमाल का

माना जाता है। उनकी लिखी किताबों में 'ए ट्रीटीज ऑन डिफरेंस इक्वेशन' तथा 'ऑन द कांस्टीट्यूशन ऑफ मैटर एंड ऐनालिटिकल थ्योरीज ऑफ हीट' मशहूर है। इन्हें गणित में नए क्षितिजों का अनुसंधान करने वाली किताबें माना गया है। देश-विदेश में आज भी इन्हें बड़ी रुचि से पढ़ा जाता है।

डॉ. गणेशप्रसाद की कीर्ति को अमर करने वाला एक और बड़ा महत्वपूर्ण काम आगरा विश्वविद्यालय की स्थापना है। उन्होंने न सिर्फ आगरा विश्वविद्यालय की स्थापना में केंद्रीय भूमिका निभाई, बल्कि उसकी सीनेट के सदस्य के रूप में उसे अधिक से अधिक स्तरीय और अनुशासनपूर्ण बनाने के लिए बड़ा श्रम किया।

9 मार्च 1935 को सीनेट की होने वाली बैठक में भाग लेते हुए ही उनका प्राणांत हुआ। वहाँ उन्हें प्रभावी ढंग से अपनी बात रखने के लिए काफी बोलना पड़ा। अपनी बात कहकर वे बैठे तो फिर उठ न पाए। उन्हें तुरंत अस्पताल ले जाया गया, जहाँ शाम को साढ़े सात बजे उनका निधन हो गया। पर गणित के इस असाधारण विद्वान और धुनी शख्स को देश-विदेश के गणितज्ञ और शोधार्थी हमेशा आदर के साथ याद करते रहेंगे।

28

डॉ. दाराशा नौशेरवा वाडिया

विलक्षण भूगर्भशास्त्री

(1883–1969)

आधुनिक भारत के वैज्ञानिकों में भूगर्भविज्ञान में गहरी रुचि के साथ काम करके विशेषज्ञता हासिल करने वाले विद्वानों की संख्या बहुत अधिक नहीं है। पर डॉ. दाराशा नौशेरवा वाडिया सरीखे दिग्गजों ने यह साबित कर दिया कि भारतीय प्रतिभाएँ चाहें तो किसी भी क्षेत्र में अपनी कीर्ति का परचम लहरा सकती हैं। अभी तक भारत में भूगर्भविज्ञान की दृष्टि से जितने भी सर्वेक्षण हुए, वे विदेशियों ने ही किए थे। पर डॉ. दाराशा नौशेरवा वाडिया ने इस क्षेत्र में रुचि ली और महारत हासिल की, तो पहली बार भारतीय दृष्टि से भारतीय भू-सर्वेक्षण की रिपोर्ट और निष्कर्ष सामने आए, जिन्होंने सचमुच भारत के विकास में बड़ी भूमिका निभाई। इस लिहाज से डॉ. वाडिया का काम इतना महत्वपूर्ण है कि दुनिया भर के भूगर्भ वैज्ञानिकों ने उनकी सराहना की है।

23 अक्तूबर, 1887 को गुजरात के सूरत नगर में जनमे दाराशा नौशेरवा वाडिया बचपन से ही बड़े धुनी और प्रतिभाशाली थे। मुंबई विश्वविद्यालय से बी.एस-सी. और एम.ए. की परीक्षाएँ पास करने के बाद उनकी रुचि भूगर्भविज्ञान में हुई तो उन्होंने इस संबंध में किताबें पढ़नी शुरू की। उनका उद्‌देश्य था भारत का ऐसा भूतात्विक अध्ययन करना, जो उसके विकास में बड़ी भूमिका निभाए। डॉ. वाडिया की इच्छा थी कि युवा पीढ़ी के लोग भी इस दिशा में उत्साह से काम करने के लिए आगे आएँ। लिहाजा जम्मू के प्रिंस ऑफ वेल्स में भूगर्भ के प्राध्यापक के रूप में उनकी नियुक्ति हुई, तो उन्होंने

युवा पीढ़ी को इस अजाने विषय की ओर खासा प्रोत्साहित किया। इस लिहाज से उन्होंने 'छात्रों के लिए भूगर्भविज्ञान' सरीखी जानकारीपूर्ण और दिलचस्प किताब भी लिखी, जिसे आज भी इस दिशा में अत्यंत उपयोगी और महत्वपूर्ण पुस्तक माना जाता है।

कुछ समय बाद भारतीय भूतात्विक सर्वेक्षण विभाग (जियोलॉजिकल सर्वे ऑफ इंडिया) में उनकी नियुक्ति हुई। उन्होंने वहाँ रहते हुए कई चुनौतीभरे काम किए। वे भूगर्भविज्ञान के राष्ट्रीय प्राध्यापक और योजना आयोग के सदस्य बने। हर जगह डॉ. वाडिया की मौलिक प्रतिभा ने विद्वानों और शोधकर्मियों का ध्यान आकर्षित किया। पंजाब की पीर पंजाल पर्वतमाला के बारे में उनके विचारों को विश्व के अनेक भूगर्भ वैज्ञानिकों ने महत्वपूर्ण माना।

इसी तरह हिमालय की विशाल श्रेणियों की संरचना को लेकर गहन अध्ययन के बाद उन्होंने अपनी महत्वपूर्ण स्थापना दी। हिमालय की पर्वत-श्रेणियाँ बर्मा की ओर इतने तीखे घुमाव के साथ मुड़ती हैं कि लगता है, ये एक ही पर्वत-श्रेणियाँ नहीं हो सकतीं, बल्कि दो पर्वत-श्रेणियाँ आपस में मिल गई है। पर डॉ. वाडिया ने दोनों पर्वत-श्रेणियों की चट्टानों का गहन अध्ययन करने के बाद साबित कर दिया कि ये हिमालय की ही पर्वत-श्रेणियाँ है तथा दो पर्वत श्रेणियों के मिलने की थीसिस सही नहीं है। इसी तरह एक से एक कठिन और चुनौतीभरे वैज्ञानिक शोध डॉ. वाडिया ने किए, जिनसे भूतात्विक दृष्टि से भारत की उपलब्धियाँ सारी दुनिया के सामने उभरकर आ सकीं।

डॉ. वाडिया गंभीर अध्येता थे तथा उन्होंने भूतात्विक दृष्टि से कई ऐसी स्थापनाएँ दीं, जिन्होंने भूगर्भविज्ञान की कई पुरानी गुत्थियों और पहेलियों को सुलझाया। डॉ. वाडिया का मानना था कि दस लाख वर्ष पहले हिम युग था तथा उसी के अवशेष बालू के रूप में उत्तरी ध्रुव पर मिलते हैं। डॉ. वाडिया की लिखी महत्वपूर्ण किताबों में 'जियोलॉजी ऑफ इंडिया एंड बर्मा', 'जियोलॉजी ऑफ नगा पर्वत एंड गिलगित डिस्ट्रिक्ट स्ट्रक्चर ऑफ हिमालय' है। संसार भर के भूगर्भविज्ञानी इन्हें अत्यंत उपयोगी और महत्वपूर्ण मानते हैं।

डा. दाराशा नौशेरवा वाडिया असाधारण प्रतिभाशाली होने के साथ-साथ घनघोर परिश्रमी भी थे। वे अंत तक अपने काम में जुटे रहे और दूसरों को भी इस क्षेत्र में नए-नए अनुसंधान करने के लिए प्रेरित और उत्साहित करते रहे।

15 जून, 1969 को भारत का यह महान भूगर्भविज्ञानी चल बसा। पर उन्होंने भूगर्भविज्ञान में नई से नई आश्चर्यजनक खोजें करके भूतात्विक दृष्टि से भारत की जो कीर्ति-पताका दुनिया भर में लहराई, वह नई पीढ़ी को हमेशा आगे बढ़कर कुछ नया करने की चुनौती देती रहेगी।

29

श्रीनिवास रामानुजन्

भारत के विश्वविख्यात गणितज्ञ

(1887–1920)

भारत के आधुनिक युग के महान गणितज्ञों में श्रीनिवास रामानुजन् का नाम सबसे पहले लिया जाता है। केवल 33 वर्ष के छोटे से जीवन में इस असाधारण प्रतिभाशाली गणितज्ञ ने जो काम कर दिखाया, उसे कभी भुलाया नहीं जा सकता। श्रीनिवास रामानुजन को अगर कोई 'आधुनिक युग का भास्कराचार्य' कहे, तो कुछ गलत न होगा।

श्रीनिवास रामानुजन् का जन्म 22 दिसंबर, 1887 को मद्रास प्रांत के एक छोटे से गाँव ईरोट में हुआ था। घर की आर्थिक हालत कुछ खास अच्छी न थी। शुरू में एक ग्रामीण पाठशाला में उनकी पढ़ाई हुई। फिर उन्हें कुंभकोणम हाईस्कूल में पढ़ने भेजा गया। वहाँ अध्यापकों ने इस बात पर गौर किया कि श्रीनिवास रामानुजन् नाम का यह बच्चा अकसर चुप रहता है और मन ही मन कुछ सोचता रहता है। यही नहीं, कई बार उसके सवाल ऐसे होते थे कि अध्यापक भी चकरा जाते थे। किसी तरह उन्हें पिंड छुड़ाना पड़ता था। एक बार की बात है, एक अध्यापक कक्षा में बता रहे थे कि अगर किसी संख्या को उसी संख्या से भाग दिया जाए तो जवाब हमेशा एक आता है। तभी अचानक रामानुजन् ने उठकर पूछ लिया, "क्या शून्य को शून्य से भाग दिया जाए, तो भी जवाब एक आएगा?" अध्यापक को तुरंत अपनी गलती पता चली। बोले, "नहीं, अगर शून्य को शून्य से भाग दिया जाए तो जवाब एक नहीं, बल्कि एक अनिश्चित संख्या या अनंत आएगा।"

इसी तरह रामानुजन् अकसर पृथ्वी की परिधि या नक्षत्रों की दूरी आदि के बारे में सवाल पूछ लेते। उनके सहपाठी या अध्यापक उन्हें सनकी समझ रहे थे। जबकि सच यह था कि रामानुजन् के भीतर बैठा 'भविष्य का महान गणितज्ञ' इन्हीं सवालों के जरिए अपनी एक छोटी सी झलक दिखा जाता था।

हालत यह थी कि साधनहीनता के बावजूद रामानुजन् की यह धुन लगातार बढ़ती ही जाती थी। चौथी कक्षा में उन्होंने न सिर्फ त्रिकोणमिति पढ़नी शुरू कर दी थी, बल्कि उसमें खासी महारत भी हासिल कर ली थी। उन्होंने बी.ए. के एक छात्र से कहा कि वह कुछ दिनों के लिए उन्हें अपनी त्रिकोणमिति की पुस्तक दे दे। वह बड़ी मुश्किल से यह किताब उन्हें देने को राजी हुआ। पर एक दिन यह देखकर चकित रह गया कि रामानुजन् बड़े धड़ल्ले से त्रिकोणमिति के सवाल हल करते जा रहे हैं। फिर तो हालत यह हुई कि बी.ए. कक्षा के छात्र को कोई मुश्किल आती तो उसे रामानुजन् से मदद लेनी पड़ती।

हाईस्कूल में रामानुजन् के गणित में इतने अच्छे अंक आए कि उन्हें सरकारी वजीफा मिलने लगा। पर धीरे-धीरे गणित में वे इतने अधिक लीन होते जा रहे थे कि दूसरे विषयों में वे पिछड़ने लगे। हालत यह हुई कि वह वजीफा बीच में ही बंद हो गया और रामानुजन् की पढ़ाई भी।

कुछ समय बाद रामानुजन् का विवाह हो गया, पर आर्थिक कष्टों के कारण वे परेशान थे। वे इंडियन मेथामेटिकल सोसाइटी के संस्थापक वी. रामास्वामी अय्यर से मिले और उन्हें कोई छोटी-मोटी नौकरी दिला देने के लिए कहा। रामास्वामी अय्यर ने उन्हें मद्रास में पी.वी. शेषुअय्यर के पास भेजा। गुजारे के लिए एक ट्यूशन का काम उन्हें मिल गया। फिर शेषुअय्यर ने उन्हें दीवान बहादुर आचार्य रामचंद्र राव के पास भेज दिया। रामानुजन् राव साहब से मिले, तो उनके मैले कपड़ों और अजीब सी फटेहाली को देखकर पहले तो उन्होंने टाल दिया। पर अगली ही मुलाकात में रामानुजन् ने जब उन्हें अपने हल किए मुश्किल से मुश्किल सवाल दिखाए, तो वे चौंक उठे। वे समझ गए कि रामानुजन् एक असाधारण प्रतिभाशाली युवक है, जिसने गणित में ऐसी महत्वपूर्ण खोजें की हैं जिनका दुनिया में अभी तक किसी को पता ही नहीं है। रामचंद्र राव ने रामानुजन से कहा, "जब तक तुम्हें कोई ठीक सा काम नहीं मिल जाता, तुम्हारे गुजारे का जिम्मा मैं लेता हूँ।" पर रामानुजन् को यह स्वीकार न था। तब रामचंद्र राव की कोशिशों से रामानुजन् को तीस रुपए महीने के वेतन पर एक जगह क्लर्की की नौकरी मिल गई।

इस बीच रामचंद्र राव ने सर फ्रांसिस स्प्रिंग को पत्र लिखकर उन्हें इस प्रतिभाशाली गणितज्ञ के बारे में बताया। सर फ्रांसिस स्प्रिंग ने सरकारी वेधशालाओं के डायरेक्टर डॉ. जी.वी. वाकर को रामानुजन् का गणित का काम और उनके द्वारा खोजे गए नए सिद्धांत दिखाए। वाकर एकदम चमत्कृत हो उठे। उन्होंने मद्रास विश्वविद्यालय के रजिस्ट्रार को पत्र लिखकर उसे इस निर्धन लेकिन असाधारण प्रतिभाशाली गणितज्ञ को छात्रवृत्ति देने के लिए कहा। इस पत्र का परिणाम यह हुआ कि रामानुजन को पचहत्तर रुपए महीने की छात्रवृत्ति मिलने लगी। इस बीच उनके कई लेख इंडियन मेथमेटिकल सोसाइटी के पत्र में छपे और उनकी धूम मच गई।

अब तो रामानुजन् इस तरह गणित की अपनी साधना में डूब गए कि उन्हें अपने खाने-पीने तक का होश न रहता। कुछ मित्रों के आग्रह पर उन्होंने अपने लेख विश्वप्रसिद्ध गणितज्ञ डॉ. जी.एच. हार्डी के पास भेजे। हार्डी ने अपने एक लेख में एक संख्या का जिक्र किया था। उन्होंने लिखा था कि इस संख्या से छोटी रूढ़ संख्या (प्राइम नंबर) के लिए अभी तक राशिमाला (एक्सप्रेशन) नहीं खोजी जा सकी। पर रामानुजन् तो उसे पहले ही खोज चुके थे। रामानुजन् ने इस बारे में अपना लेख उन्हें भेजा तो हार्डी चकित और चमत्कृत रह गए। सबसे ज्यादा अचरज की बात यह थी कि राजानुजन् के सवाल हल करने का तरीका निहायत मौलिक और अपना था तथा अभी तक किसी को इसके बारे में ठीक-ठीक जानकारी तक नहीं थी।

डॉ. हार्डी की बहुत इच्छा थी कि रामानुजन् किसी तरह इंग्लैंड आ जाएँ, ताकि वे और तेजी से अपना काम कर सकें और पूरी दुनिया को उनकी आश्चर्यजनक खोजों की जानकारी हो सके। पर रामानुजन् अभी तक संकोच कर रहे थे। इसका एक कारण उनके परिवार के लोगों और संबंधियों का बर्ताव था। उन्होंने धमकी दी थी कि विदेश चले जाने पर वे उनका बहिष्कार कर देंगे।

फिर भी हार्डी लगातार उन्हें इंग्लैंड बुलाने की कोशिशों में लगे थे। जब गणित के विज्ञान ई.एच. नेविल भारत आए तो हार्डी ने उन्हें भी रामानुजन् से मिलने और उन्हें इंग्लैंड आने के लिए राजी करने को कहा। नेविल रामानुजन् से मिले और उन्हे समझाया कि इंग्लैंड पहुँचने पर उनके लिए आगे काम करने के अवसर बहुत रहेंगे। इस पर रामानुजन का जवाब था, "मैं माँ से पूछूँगा। वे इजाजत देंगी तभी इंग्लैंड जा सकूँगा।"

रामानुजन् की माँ पहले तो तैयार नहीं हुईं, पर फिर एक रात उन्हें सपना आया कि उनका बेटा एक विशाल भवन में बैठा है और दुनिया के भर विद्वान जिनमें अंग्रेज भी हैं, उनका विशेष सम्मान कर रहे हैं। माँ समझ गईं कि उनका बेटा किसी विशेष काम के लिए जनमा हैं। उन्होंने बेटे को इंग्लैंड जाने की इजाजत दे दी।

इंग्लैड में डॉ. हार्डी के साथ ने रामानुजन् को सचमुच बड़ी शक्ति दी। वे चौगुनी शक्ति से अपने काम में जुट गए। इंग्लैंड में भी रामानुजन् का रहन-सहन एकदम सादा था। स्वयं का बनाया सादा भोजन वे करते थे और रात-दिन अपने काम में डूबे रहते थे। उनके लेख अब दुनिया के गणित के सर्वश्रेष्ठ जर्नल्स में बड़े आदर से छपने लगे थे और संसार के महानतम् गणितज्ञों में उनका नाम जुड़ गया था।

हालाँकि इतने कठिन परिश्रम के कारण उनका स्वास्थ्य गिरता जा रहा था। तब भी वे अपनी सेहत की बिल्कुल चिंता नहीं करते थे और अथक मानसिक श्रम करते जा रहे थे। आखिर वे तपेदिक के मरीज हो गए और कुछ समय बाद हड्डियों का ढाँचा भर रह गया। रामानुजन् समझ गए थे कि अब वे बचेंगे नहीं। फिर भी मृत्युशैय्या पर वे गणित के अनसुलझे प्रश्नों को हल करने की कोशिशों में जुटे थे।

एक बार डॉ. हार्डी अस्पताल में उनसे मिलने आए। अस्पताल में उनके कमरे का नंबर था 1729। डॉ. हार्डी ने विनोदभरे लहजे में कहा, "अरे, तुम किस मनहूस संख्या वाले कमरे में रह रहे हो!"

इस पर रामानुजन् हँसे। बोले, "यह तो बड़ी रोचक संख्या है। इसे भिन्न प्रकार के दो घनों के योग के रूप में जरा देखिए। 10 और 9 तथा 12 और 1 के घनों का योग 1729 ही होगा।"

सुनकर हार्डी बहुत खुश हुए। उन्हें आश्चर्य हुआ कि इस अवस्था में भी रामानुजन् की बुद्धि और गणित की प्रतिभा इतनी चौकस है।

26 अप्रैल, 1920 को मद्रास के एक गाँव में इस महान गणितज्ञ का देहावसान हुआ। मृत्यु के बाद उनके लेखों का संग्रह कैंब्रिज विश्वविद्यालय प्रेस से प्रकाशित हुआ, जिसे आज भी गणित के पारखी बड़े आदर और सम्मान के साथ पढ़ते और उससे प्रेरणा लेते हैं।

30

चंद्रशेखर वेंकटरामन

आधुनिक भारत के शीर्ष वैज्ञानिक

(1888–1970)

आधुनिक भारत के शीर्ष वैज्ञानिकों में चंद्रशेखर वेंकटरामन का नाम सबसे पहले ध्यान में आता है। वे एक बड़े और अद्‌भुत वैज्ञानिक तो थे ही, पर इससे भी बड़ी बात यह है कि वे पूरी तरह भारतीयता में रचे-बसे वैज्ञानिक थे, जिनका जीवन-आदर्श सादगी और सरलता थी। सन् 1930 में विश्व के सबसे बड़े सम्मान नोबेल पुरस्कार से सम्मानित रामन यह पुरस्कार पाने वाले पहले भारतीय वैज्ञानिक ही नहीं, पहले एशियाई वैज्ञानिक भी थे।

चंद्रशेखर वेंकटरामन का जन्म 7 नवंबर, 1888 को तमिलनाडु के तिरुचिरापल्ली जिले के अय्यनपेटै गाँव में हुआ था। उनके पिता चंद्रशेखर अय्यर अध्यापक थे। माँ का नाम था पार्वती अम्मल। बचपन से ही रामन पढ़ाई में होशियार थे और कक्षा में ऐसे प्रश्न पूछा करते थे कि अकसर उनके अध्यापक चकरा जाते। जब रामन प्रेजीडेंसी कॉलेज में बी.ए. में पढ़ रहे थे, तो अंग्रेजी पढ़ाने आए अध्यापक ई.एच. इलियट को उन्हें देखकर हैरानी हुई। छोटे कद के दुबले-पतले इस विद्यार्थी को देखकर उन्हें लगा, शायद किसी छोटी कक्षा का बच्चा भूल से क्लास में आकर बैठ गया है। पर जब रामन से उनकी बात हुई, तो उनके शालीन बुद्धिमत्तापूर्ण उत्तरों से वे खासे प्रसन्न हुए।

विद्यार्थी जीवन में ही रामन बेहद सजग थे। केवल सोलह वर्ष की अवस्था में ही उन्होंने स्पेक्ट्रोमीटर से प्रिज्म के कोण नापते हुए, डिफ्रेक्शन बैंड की खोज कर ली थी। इस पर लेख लिखकर उन्होंने प्रोफेसर जोन्सम को दिखाया। जब उन्होंने कोई जवाब नहीं दिया, तो रामन ने उसे लंदन से प्रकाशित होने वाली फिलॉसोफिकल मैगजीन में भेजा। पत्रिका में उस लेख के छपते ही रामन की कीर्ति चारों ओर फैल गई। इसके बाद पृष्ठ–तनाव (सरफेस टेंशन) से जुड़ा उनका एक और लेख इस पत्रिका में छपा। तभी प्रसिद्ध वैज्ञानिक लार्ड रैले से उनका पत्र–व्यवहार शुरू हुआ। शुरू में तो लार्ड रैले उन्हें प्रेजीडेंसी कॉलेज का प्रोफेसर ही समझ बैठे थे। पर बाद में असलियत पता चली, तो उन्होंने इस विलक्षण बालक की प्रतिभा की खूब तारीफ की।

अध्ययन के बाद रामन की नियुक्ति कलकत्ता में डिप्टी एकाउंटेंट जनरल के पद पर हुई। फिर बढ़ते–बढ़ते वे तार विभाग के एकाउंटेंट जनरल बने। पर रामन संतुष्ट नहीं थे। उनका मन तो विज्ञान के अध्ययन और अनुसंधान की ओर दौड़ रहा था। 'इंडियन एसोसिएशन फॉर द कल्टीवेशन ऑफ साइंस' से वे जुड़ गए थे। पर संस्था के लिए जितना समय वे चाहते थे, उतना नहीं दे पा रहे थे। उन्हीं दिनों कलकत्ता विश्वविद्यालय से उन्हें सर तारकनाथ पालित प्रोफेसर का पद स्वीकार करने के लिए प्रस्ताव मिला। रामन को जो वेतन उस समय मिल रहा था, उसकी तुलना में यह वेतन आधा था। फिर भी रामन ने खुशी–खुशी यह पद ग्रहण किया और तेजी से अपने काम में जुट गए।

सन् 1921 में शिकागो में होने वाली विश्वविद्यालय कॉन्फ्रेंस में रामन को कोलकाता विश्वविद्यालय के प्रतिनिधि के रूप में भेजा गया। वहाँ रामन को रदरफोर्ड समेत दुनिया के कई बड़े वैज्ञानिकों से मिलने का मौका मिला। लौटते समय रामन का ध्यान भूमध्य सागर के नीले रंग की ओर गया। बचपन से ही वे सोचा करते थे, आकाश का और समुद्र के पानी का रंग इस कदर नीला क्यों है? यही सवाल अब फिर रह–रह कर उन्हें तंग करने लगा। इस बारे में लार्ड रैले की व्याख्या वे पढ़ चुके थे। लार्ड रैले ने समुद्र की नीलिमा को 'आकाश के नीलेपन की छाया' कहा था। पर रामन इससे संतुष्ट नहीं थे। उन्होंने तत्काल प्रिज्म निकाला और उससे झाँककर देखा, 'अरे, समुद्र का रंग तो अब भी नीला दिखाई दे रहा है! यानी यह आकाश का प्रभाव नहीं है। यह नीलिमा तो पानी के भीतर से ही आ रही है।'

लौटकर रामन ने इस बात पर और अधिक गहराई से विचार करना शुरू किया। साथ ही उनके अनुसंधान भी निरंतर चल रहे थे। एकाएक उनका ध्यान इस बात की ओर गया कि जो क्रांप्टन प्रभाव एक्स-रे किरणों के लिए सही है, वह प्रकाश-किरणों के लिए भी तो सही होना चाहिए। यानी जैसे अलग-अलग माध्यमों से गुजरने पर एक्स-रे किरणों की प्रकृति बदल जाती है, वैसा ही प्रकाश किरणों के साथ भी तो हो सकता है।

रामन के प्रयोगों ने जल्दी ही यह बात सिद्ध कर दी कि अलग-अलग माध्यमों से गुजरने पर प्रकाश की किरणों का रूप बदलता है। बहुत मामूली उपकरणों के बावजूद रामन का यह प्रयोग कामयाब हुआ। उन्होंने इस संबंध में अपना लेख 'नेचर' पत्रिका में भेजा, जिसने 'ए न्यू टाइप आफ सेकेंड्री रेडिएशन' नाम से इसे छापा। जल्दी ही दुनिया भर में रामन की इस खोज की धूम गच गई। इसी पर सन् 1930 में उन्हें सर्वोच्च सम्मान नोबेल पुरस्कार मिला और प्रकाश-किरणों पर इस प्रभाव को 'रामन प्रभाव' के नाम से जाना गया।

इसके अलावा रामन की एक और महत्वपूर्ण खोज वीणा, वायलिन, मृदंगम जैसे वाद्यों पर शोध था। उन्होंने इस बात की सुंदर व्याख्या की कि मृदंगम आदि वाद्यों से इतना सुंदर और सामंजस्यपूर्ण संगीत कैसे निकलता है।

रामन को अपने भारतीय होने पर गर्व था, पर यह देखकर खासा दुख होता था कि आधुनिक विज्ञान की नवीनतम खोजों में भारतीयों की हिस्सेदारी बहुत कम है। इसी भारत में वैज्ञानिकों की युवा पीढ़ी को प्रेरित करने तथा मार्गदर्शन देने का महत्वपूर्ण काम उन्होंने किया। रामन का सपना था कि देश में कोई ऐसी संस्था हो, जहाँ छात्र अंतरिक्ष और ब्रह्मांड के रहस्यों आदि पर खोज कर सकें। उनकी यह इच्छा आखिकार सन् 1951 में पूरी हुई। बंगलुरु में रामन रिसर्च इन्स्टीट्यूट की स्थापना हुई। सन 1954 में भारत के इस शिखरस्थ वैज्ञानिक को 'भारत-रत्न' की उपाधि से सम्मानित किया गया।

21 नवंबर, 1970 को 82 वर्ष की अवस्था में भारतीय परंपराओं में रचे-बसे इस शीर्ष वैज्ञानिक का देहावसान हुआ। पर वे अंत तक सक्रिय थे और अपने पीछे एक ऐसा सपना छोड़ गए हैं, जो अनेक वैज्ञानिकों को जीवन और संसार के रहस्यों को समझने के लिए हमेशा प्रेरित करता रहेगा।

31

बीरबल साहनी

भारत के महान पुरातत्त्वविज्ञानी

(1891–1949)

आधुनिक भारत के प्रसिद्ध वैज्ञानिकों में बीरबल साहनी का नाम भुलाया नहीं जा सकता। प्राचीन वनस्पतियों के अनुसंधाता के रूप में डॉ. बीरबल साहनी का नाम केवल भारत में ही नहीं, बल्कि सारी दुनिया में बड़े आदर के साथ लिया जाता है।

बीरबल साहनी का जन्म 14 नवंबर, 1891 को पंजाब के शाहपुर जिले (अब पाकिस्तान में) के भेरा गाँव में हुआ था। उनके पिता लाला रुचिराम साहनी गवर्नमेंट कॉलेज में रसायनशास्त्र के प्राध्यापक थे। वे प्रगतिशील विचारों के थे और ब्रह्मसमाज के प्रमुख नेताओं में गिने जाते थे। पिता के व्यक्तित्व का प्रभाव बीरबल साहनी पर भी पड़ा। बचपन से ही वे पढ़ाई-लिखाई में सबसे आगे रहते थे। 1911 में सेंट्रल कॉलेज, लाहौर से वनस्पतिविज्ञान में स्नातक की डिग्री हासिल करके वे इंग्लैंड गए। वहाँ नेचुरल साइंसेज पर काम करने का उन्हें मौका मिला। उन्होंने जीवाश्म पौधों पर अपना शोध-कार्य शुरू किया। यहीं उनकी मुलाकात प्रोफेसर अलबर्ड सी. सेवार्ड से हुई जो स्वयं भी जीवाश्म पौधों पर शोध-कार्य में जुटे थे। दोनों में गहरा आत्मीय संबंध बन गया। प्रो. सेवार्ड ने हर तरह से बीरबल साहनी का मार्गदर्शन किया। बीरबल साहनी के शोध-पत्र प्रसिद्ध रिसर्च जर्नल्स में छपे और देखते ही देखते उनका नाम प्राचीन वनस्पतियों के प्रमुख अनुसंधाता के रूप में जाने जाना लगा। 1919 में लंदन विश्वविद्यालय ने बीरबल साहनी के काम के विशेष महत्व को स्वीकार करते हुए उन्हें डी.एस-सी. की डिग्री प्रदान की।

भारत लौटने के बाद बीरबल साहनी ने कुछ समय बनारस के हिंदू विश्वविद्यालय और फिर पंजाब विश्वविद्यालय में काम किया। सन् 1921 में लखनऊ विश्वविद्यालय के वनस्पतिविज्ञान विभाग में प्रोफेसर के पद पर उनकी नियुक्ति हुई। यहीं लंबे समय तक टिककर उन्हें काम करने का मौका मिला।

बीरबल साहनी की एक खासियत यह थी कि वे अत्यंत सादगी पसंद थे और हर वक्त अपने काम में डूबे रहते थे। झूठा आडंबर या काम का दिखावा उन्हें कतई पसंद नहीं था। एक बार की बात है, एक विदेशी व्यक्ति उनसे मिलने आया। उसने बीरबल साहनी का बहुत नाम सुन रखा था। लखनऊ विश्वविद्यालय में आने पर उसने किसी से बीरबल साहनी के कमरे के बारे में पूछा। उस व्यक्ति ने बरामदे की ओर इशारा कर दिया। वहीं एक कोने में सूक्ष्मदर्शी में आँख गड़ाए वे अपने काम में जुटे थे। उस विदेशी ने हैरान होकर पूछा, "डॉ. साहनी, क्या आपके पास अपना कोई कमरा नहीं है ?" इस पर बीरबल साहनी का जवाब था, "इसकी क्या जरूरत है ? महान आविष्कार तो एक छोटी अटारी पर बैठकर भी किए जा सकते है ।" सुनकर विदेशी चकित रह गया।

डॉ. साहनी की विनोदप्रियता के भी कई किस्से हैं। एक बार वे सूक्ष्म जलीय पौधे एजोला पिन्नेटा पर काम कर रहे थे। अचानक उनके मित्र डॉ. सेन ने बातचीत के दौरान उनसे पूछा, "आपके पास एजोला होगा ?" साहनी मुसकराते हुए बोले, "हाँ-हाँ, क्यों नहीं!" वे उसी समय भीतर गए और एजोला जीवाश्म का नमूना लेकर आए। उसे डॉ. सेन की ओर बढ़ाते हुए उन्होंने बड़ी मासूमियत से कहा, "देखिए, जरा इसे सँभालकर पकड़िए, अभी बेचारा सिर्फ छह करोड़ वर्ष का हुआ है!"

बीरबल साहनी को लंबी-लंबी यात्राएँ करने का शौक था। कई बार ऐसी यात्राओं में ही उन्हें दुर्लभ प्रजाति के पौधे, पुरानी चीजें और जीवाश्म मिल जाते थे। वे छात्रों को भी अपने साथ रखते थे और उन्हें उत्साह से भरकर उन जीवाश्मों के बारे में बताते चलते थे।

बीरबल साहनी ने अपनी पूरी संपत्ति पुरात्त्वविदों की एक सोसाइटी को दान कर दी। इस पुरावनस्पतिक संस्थान की नींव पंडित जवाहरलाल नेहरू ने रखी थी। बीरबल साहनी के लिए यह एक सपने के पूरा होने की तरह था। पर अफसोस, इसके एक सप्ताह बाद ही 10 अप्रैल, 1949 को उनका देहावसान हो गया। तब उनकी पत्नी श्रीमती सावित्री साहनी ने इसका जिम्मा सँभाल लिया।

आज भी यह संस्थान इस महान पुरावनस्पतिविज्ञानी की याद दिलाता हुआ, मन में कुछ नया करने का उत्साह पैदा करता है।

32

डा. मेघनाद साहा

वह स्वप्नदर्शी वैज्ञानिक

(1893–1956)

आधुनिक युग में भारत को वैज्ञानिक दृष्टि से सिरमौर और उन्नतिशील देश बनाने के लिए जिन वैज्ञानिकों ने बेहद श्रम किया तथा देश के युवाओं में विज्ञान को लोकप्रिय बनाने के लिए अथक प्रयास किए, उनमें भारत के अग्रणी वैज्ञानिक मेघनाद साहा भी हैं। मेघनाद साहा प्रसिद्ध वैज्ञानिक होने के साथ-साथ ऐसे देशभक्त भी थे, जिनका हृदय हर क्षण अपने देश की तरक्की और खुशहाली के लिए बेचैन रहता था। यहाँ तक कि उनके लिए विज्ञान भी देश के नए निर्माण और मानवता की सेवा का एक साधन ही था।

6 अक्तूबर, 1893 को ढाका जिले के सियोरातली गाँव में जनमे डा. मेघनाद साहा को बचपन से ही किताबें पढ़ने और कुछ न कुछ नया करने का शौक था। घर की परिस्थितियाँ अच्छी न थीं, पर मेघनाद साहा के सपने ऊँचे थे और वे कुछ कर गुजरना चाहते थे। साथ ही देशभक्ति का जज्बा उनके भीतर कूट-कूटकर भरा हुआ था। अपने देश की जनता की हालत देखकर वे दुखी हो जाते थे। जब अंग्रेजों ने बंगाल का विभाजन किया तो सारे देश में गुस्से की लहर दौड़ गई। मेघनाद साहा तब विद्यार्थी थे, पर वे भी अपने भीतर एक गहरी तड़प महसूस कर रहे थे। जल्दी ही अपने क्रोध को प्रकट करने का उन्हें रास्ता मिल गया। हुआ यह है कि बंगाल के अंग्रेज गवर्नर उनके स्कूल में आने वाले थे। सब बच्चों से कहा गया कि उन्हें उस दिन स्कूल जरूर आना है। पर मेघनाद साहा उस दिन जान-

बूझकर स्कूल नहीं गए। इस पर स्कूल से उनका नाम काट दिया गया। यही नहीं, बल्कि पढ़ाई के लिए उन्हें जो वजीफा मिल रहा था, वह रुक गया और इससे मेघनाद साहा की आर्थिक स्थितियाँ और भी कठिन हो गईं। पर वे रत्ती भर भी इससे परेशान नहीं थे। उन्हें खुशी थी कि उन्होंने प्रतीक रूप में ही सही, अंग्रेजों के खिलाफ पूरे देश का गुस्सा प्रकट कर दिखाया है।

मेघनाद साहा प्रतिभाशाली छात्र थे। लिहाजा जिस दूसरे स्कूल में उन्होंने दाखिला लिया, वहाँ भी प्रथम आकर दिखा दिया। इससे उनका आत्मविश्वास और बढ़ा। बाद में आगे की पढ़ाई के लिए कोलकाता के प्रेजीडेंसी कॉलेज में गए, जहाँ उन्हें जगदीशचंद्र बसु तथा प्रफुल्लचंद्र राय जैसे भारत के चोटी के वैज्ञानिकों का साथ और आशीर्वाद मिला। उनके साथ पढ़ने वालों में सत्येंद्रनाथ बोस, पी.सी. महालानोबिस जैसे प्रतिभाशाली छात्र थे जिन्होंने आगे चलकर बड़े काम किए और सारी दुनिया में नाम कमाया।

कॉलेज की पढ़ाई के बाद साहा के सामने प्रश्न उठा कि अब वे आगे क्या करें? परिवार की आर्थिक हालत सचमुच खराब थी और सभी मेघनाद साहा पर ही आँखें लगाए थे। पर सुभाषचंद्र बोस और डा. राजेंद्रप्रसाद जैसे स्वाधीनता सेनानियों से निकट संबंध होने के कारण उन्हें सरकारी नौकरी नहीं मिली। तब वे शोध-कार्य में जुट गए। इस बीच ट्यूशन पढ़ाकर वे किसी तरह काम चलाने लगे। सन् 1917 में यूनिवर्सिटी कॉलेज आफ साइंस में वे प्राध्यापक हो गए। पर उनका लक्ष्य बँधी-बँधाई राह पर चलकर नौकरी करना न था। लिहाजा भौतिकविज्ञान में हो रही नई से नई खोजों में उन्होंने रुचि ली। सापेक्षतावाद, ऊष्मा-गतिकी तथा परमाणु सिद्धांत उनके प्रिय विषय थे, जिन पर नवीनतम जानकारियाँ एकत्र करना तथा नई-नई किताबें पढ़ना उन्हें अच्छा लगता था। उन्होंने सूर्य के प्रकाश के प्रिज्म आदि से निकलने पर बनने वाले वर्ण-क्रम (स्पेक्ट्रम) का अध्ययन किया। साथ ही उससे बनने वाली कम व ज्यादा मोटाई की स्पेक्ट्रल लाइंस की भी व्याख्या की। उन्होंने इस संबंध में जो फार्मूला दिया, उससे स्पेक्ट्रल लाइंस के जरिए सूर्य और दूसरे तारों का दबाव, तापमान आदि का पता चलाया जा सकता है। मेघनाद साहा के इस आविष्कार ने प्रकाश-अंतरिक्ष और तारा-भौतिकी पर काम कर रहे वैज्ञानिकों में हलचल पैदा कर दी। सचमुच उन्हें एक बड़ी समस्या का हल मिल गया था। हालाँकि मेघनाद साहा ने जब यह आविष्कार किया, तो वे अभी केवल पच्चीस वर्ष के युवक ही थे। उनकी इस खोज को तारा-भौतिकी के क्षेत्र में हुई कुछ बड़ी और ऐतिहासिक महत्व की खोजों में स्थान मिला।

देखते ही देखते मेघनाद साहा की गिनती तारा-भौतिकी के जाने-माने वैज्ञानिकों में होने लगी। सन् 1927 में उन्हें रॉयल सोसाइटी का सदस्य चुना गया। इलाहाबाद विश्वविद्यालय में नियुक्ति के बाद तो वे रात-दिन अध्ययन-अध्यापन और अपने शोध-कार्य में ही डूब गए। पर साथ ही साथ युवा वैज्ञानिकों को वे नया से नया काम करने के लिए निरंतर प्रोत्साहित भी करते थे। वहाँ से कोलकाता आने पर उन्होंने सूर्य से आने वाली रेडियो तरंगों और रेडियो-सक्रियता पर अपना शोध-कार्य किया, जिसे इस दिशा में एक महत्वपूर्ण काम समझा गया।

परमाणु सिद्धांत में उनकी रुचि काफी थी और समय के साथ-साथ इसके निरंतर महत्वपूर्ण होते जाने का भी उन्हें एहसास था। उनका मानना था कि परमाणु ऊर्जा का उपयोग देश के नए निर्माण और बड़े-बड़े रचनात्मक कार्यों के लिए किया जा सकता है। पर उसके लिए निरंतर शोध और कड़ी मेहनत की जरूरत है। इस लिहाज से उन्होंने 'इंस्टीट्यूट ऑफ न्यूक्लीयर फिजिक्स' की नींव रखी जिसने इस दिशा में सचमुच महत्व का काम किया है।

मेघनाद साहा कोरे किताबी वैज्ञानिक नहीं थे। देश की गरीब जनता का दुख-दर्द उन्हें लगातार मथता था और वे भारत को निरंतर आगे बढ़ता देखना चाहते थे। इसके लिए राजनीति में जाने से भी उन्हें परहेज न था। सन् 1952 में वे संसद के लिए चुनाव लड़े और जीते। लोग उन्हें दिल से चाहते और बहुत प्यार करते थे। इसलिए कि इतने बड़े वैज्ञानिक होने पर भी उनमें जरा भी दिखावा या दूरी न थी। लोग उनसे बेखटके अपना दुख-दर्द और परेशानियाँ कह सकते थे। डा. साहा उन्हें दूर करने के लिए, जो भी उनके बस में होता, जरूर करते थे। आश्चर्य, इस सबके बावजूद वे अपने वैज्ञानिक अनुसंधानों में रात-दिन जुटे रहते थे।

16 फरवरी, 1956 को तिरेसठ वर्ष की अवस्था में इस स्वप्नदर्शी और निरंतर सक्रिय रहने वाले वैज्ञानिक का निधन हुआ। पर उन्होंने भारत को एक उन्नत वैज्ञानिक देश बनाने का जो उम्मीदों भरा सपना देखा था, वह बहुत कुछ पूरा जो चुका है। कृतज्ञ राष्ट्र की मौजूदा पीढ़ी के वैज्ञानिक आज भी उन्हें आदर से याद करते हैं।

33

सत्येंद्रनाथ बोस

जिन्हें भारत का आइंसटाइन कहा जाता है

(1894–1974)

आधुनिक भारत के असाधारण प्रतिभाशाली वैज्ञानिकों में सत्येंद्रनाथ बोस भी हैं। उन्होंने महान वैज्ञानिक आइंस्टाइन के साथ मिलकर जो दुर्लभ खोज की, उसे बोस-आइंस्टाइन स्टेटिस्टिक्स कहा जाता है। यही नहीं, बल्कि उनके वैज्ञानिक लेखों को स्वयं आइंस्टाइन ने जर्मन में अनूदित करके, सम्मान सहित छपवाया था। सत्येंद्रनाथ बोस के जीवन की यह एक बड़ी उपलब्धि थी और इस कारण एक असाधारण मेधावी वैज्ञानिक के रूप में सारे संसार में उनकी ख्याति फैली।

1 जनवरी, 1894 को कोलकाता में जनमे सत्येंद्रनाथ बोस बचपन से ही बहुत कुशाग्रबुद्धि और तेजस्वी थे। खासकर गणित में वे इतने होशियार थे कि कहा जाता है, स्कूल में गणित के अध्यापक उपेंद्रनाथ बख्शी ने उन्हें गणित के प्रश्न पत्र में सौ में से एक सौ दस नंबर दिए थे। बाद में कोलकाता के प्रेजीडेंसी कॉलेज में पढ़ते हए सत्येंद्रनाथ बोस जगदीशचन्द्र बसु तथा प्रफुल्लचंद्र राय जैसे तेजस्वी वैज्ञानिकों के संपर्क में आए। तभी से उनके मन में विज्ञान के क्षेत्र में कोई बड़ा काम करने की इच्छा पैदा हुई।

कोलकाता विश्वविद्यालय का नया साइंस कॉलेज खुला, तो सत्येंद्रनाथ बोस

की वहाँ लेक्चरर के पद पर नियुक्ति हुई। पर सत्येंद्रनाथ पढ़ाई के पुराने ढर्रे से खुश नहीं थे। भौतिकविज्ञान में जो नई से नई खोजें हो रही थीं, वे उन्हें अच्छी तरह समझते और बड़े चाव से विद्यार्थियों को भी उनके बारे में बताया करते थे। जर्मनी के वैज्ञानिक पी.जे. ब्रूहन से उनकी मुलाकात हुई, तो उन्हें विज्ञान की नई से नई किताबें पढ़ने को मिलने लगी। सन् 1920 में उन्होंने आइंस्टाइन के सापेक्षता सिद्धांत पर लिखे गए उनके शोध-पत्र का जर्मन से अंग्रेजी में अनुवाद किया।

जब सत्येंद्रनाथ बोस बर्लिन में थे, उनके एक मित्र ने उन्हें ढाका विश्वविद्यालय में रीडर के पद के लिए आवेदन भेजने के लिए कहा। पर सत्येंद्रनाथ बोस हिचक रहे थे, क्योंकि उनके पास डॉक्टरेट की डिग्री नहीं थी। मित्र ने सुझाया, "अगर आइंस्टाइन एक अनुशंसात्मक पत्र लिख दें, तो काम बन जाएगा।" सत्येंद्रनाथ बोस ने संकोच के साथ आइंस्टाइन से यह कहा। आइंस्टाइन को बड़ी हैरान हुई। उन्होंने कहा, "इतना काम आपने किया है। क्या अब भी आपको प्रमाण-पत्र की जरूरत है?" झट आइंस्टाइन ने पत्र लिखकर दे दिया और ढाका विश्वविद्यालय में रीडर के पद पर सत्येंद्रनाथ बोस की नियुक्ति हो गई।

इसके बाद भी सत्येंद्रनाथ बोस का शोध-कार्य जारी रहा। सन् 1924 में उन्होंने प्रसिद्ध वैज्ञानिक मैक्सप्लैंक के क्वांटम के सिद्धांत को लेकर अपना महत्वपूर्ण शोध-लेख लिखा, 'प्लैंक्स लॉ एंड लाइट क्वांटम हाइपोथीसिस'। यह लेख कई प्रतिष्ठित पत्रिकाओं में छपने भेजा गया। पर हर जगह से वापस लौट आया। तब सत्येंद्रनाथ बोस ने इसे आइंस्टाइन के पास भेजा। आइंस्टाइन को लेख इतना अच्छा लगा कि उन्होंने स्वयं जर्मन में उसका अनुवाद किया और उसे बड़े सम्मान से प्रकाशित कराया। इसके बाद तो एकाएक बोस का नाम पूरी दुनिया में छा गया। क्वांटम स्टेटिस्टिक्स की खोज में बोस के इस शोध-पत्र की बड़ी भूमिका थी। इस सांख्यिकी को बोस-आइंस्टाइन स्टेटिस्टिक्स नाम दिया गया। साथ ही बोस सांख्यिकी का अनुसरण करने वाले मूल कणों को फोटोन की तर्ज पर 'बोसोन' नाम दिया गया।

आइंस्टाइन के अलावा सत्येंद्रनाथ बोस को मैडम क्यूरी के साथ भी काम करने का मौका मिला। जब वे मैडम क्यूरी से मिले और उन्हें अपनी इच्छा बताई तो उन्होंने हिचकते हुए कहा, "पहले फ्रांसिसी भाषा सीखो।" इस पर बोस ने फ्रांसिसी में ही जवाब दिया, "मैडम, मुझे फ्रांसिसी भाषा आती है।" सुनकर मैडम क्यूरी ने खुशी-खुशी उन्हें अपने साथ काम करने वाले सहयोगियों में शामिल कर लिया।

सत्येंद्रनाथ बोस उन वैज्ञानिकों में से थे, जिनके लिए विज्ञान कोई अलग चीज न थी। उनका पूरा जीवन ही विज्ञानमय था। जो नई से नई वैज्ञानिक खोजें और काम हो रहे थे, उन्हें जानने-समझने और नई-नई वैज्ञानिक खोजों को जीवन से जोड़ने की ललक अंत तक उनके मन में बनी रही। उन्होंने अनेक लोगों को वैज्ञानिक अध्ययन और खोजों के लिए आगे आकर काम करने की प्रेरणा दी। जो भी उनसे मिलता, उनके आवेगपूर्ण विचारों और अगाध विद्वत्ता से प्रभावित हुए बगैर न रहता।

सन् 1974 में 80 वर्ष की अवस्था में सत्येंद्रनाथ बोस का सम्मान करने के लिए कलकत्ता में एक भव्य समारोह हुआ। उसमें उन्होंने कहा, "मेरी खोजों को आज दुनिया ने स्वीकार कर लिया है। मेरे जीवन का उद्देश्य पूरा हुआ। अब और जीकर क्या करूँगा!"

इसके ठीक एक महीने बाद 4 फरवरी, 1974 को उनके देहावसान हो गया। पर सत्येंद्रनाथ बोस की असाधारण प्रतिभा और तेजस्विता की आँच हम आज भी महसूस करते और उससे रोमांचित होते हैं।

34

शांतिस्वरूप भटनागर

भारत की वैज्ञानिक प्रगति के पथ-प्रदर्शक

(1894-1955)

आधुनिक भारत के सफल और चर्चित वैज्ञानिकों में शांतिस्वरूप भटनागर का नाम भी बड़े आदर से लिया जाता है। भारत को विज्ञान के प्रगति-पथ पर तेजी आगे ले जाने वालों में डॉ. भटनागर का काम और भूमिका बेहद महत्वपूर्ण है। उन्हें स्वतंत्र भारत में विज्ञान का महान रथी या सार्थवाह कहा जा सकता है, जिनके कारण भारत औद्योगिक विकास में इतनी तेजी से आगे बढ़ा। भारत में यह सपना देखने और इसके लिए योजना बनाने वाले वैज्ञानिकों में शांतिस्वरूप भटनागर सबसे पहले थे।

शांतिस्वरूप भटनागर का जन्म 21 फरवरी, 1894 को शाहपुर जिले (अब पाकिस्तान में) के भेरा गाँव में हुआ था। उनका परिवार अत्यंत प्रतिष्ठित था। पर पिता ब्रह्मसमाजी थे। अपने स्वतंत्र विचारों और स्वाभिमान के कारण उन्होंने कई उच्च पदों को ठुकराकर एक हाईस्कूल में प्रधानाध्यापक के पद पर काम करना मंजूर कर लिया था। इस कारण घर के बड़े-बूढ़ों ने उन्हें पैतृक संपत्ति से बेदखल कर दिया था। शांतिस्वरूप भटनागर का बचपन अभावों और गरीबी में बीता। पिता की मृत्यु के बाद तो हालत और भी दयनीय हो गई। माँ उन्हें लेकर अपने मायके सिकंदराबाद (जिला बुलंदशहर) आ गईं। यहीं शांतिस्वरूप की पढ़ाई चलने लगी।

आगे की पढ़ाई के लिए वे लाहौर पहुँचे। वहाँ विज्ञान और उर्दू दोनों में उनकी प्रतिभा का ऐसा निखार सामने आया कि उनके अध्यापक तक उनकी तारीफ करते नहीं थकते थे। विद्यार्थी जीवन में ही उन्हें विज्ञान के रोचक प्रयोग करने में खासा आनंद आता था। अपने ऐसे ही एक प्रयोग के बारे में उन्होंने 'लीडर' पत्र में लिखा था, जिसकी तरफ बहुत से वैज्ञानिकों और विद्वानों का ध्यान गया। सबने उसकी तारीफ की।

डॉ. भटनागर का सपना था कि भारत विज्ञान की नई-नई खोजों के जरिए औद्योगिक विकास की राह पर बढ़े। इस लिहाज से उन्होंने कई ऐसी खोजें कीं जिनका उद्योगों के विकास में सीधा इस्तेमाल हुआ। कई बार बड़ी-बड़ी फैक्टरियों और उद्योगों के मालिक उनके पास अपनी परेशानियाँ लेकर आते। डॉ. भटनागर बड़ी गंभीरता से उनकी समस्याएँ सुनते और हल सुझा देते। इससे खुश होकर एक उद्योगपति ने तो उन्हें काफी बड़ी राशि दी। पर डॉ. भटनागर ने उसे नई-नई वैज्ञानिक खोजों में जुटी प्रयोगशालाओं में उपकरण जुटाने के लिए खर्च किया, ताकि युवा लोगों को काम करने का बेहतर मौका मिल सके।

इसी कारण चारों ओर डॉ.भटनागर का नाम फैल गया था। सन् 1919 में एम.एस-सी. की परीक्षा पास के बाद दयालसिंह कॉलेज ट्रस्ट से मिली छात्रवृत्ति के तहत शोध-कार्य के लिए वे इंग्लैंड पहुँचे। तीन वर्ष तक निरंतर शोध-कार्य में डूबे रहने के बाद उन्होंने डी.एस-सी. की डिग्री हासिल की। भारत लौटने पर उनकी नियुक्ति लाहौर विश्वविद्यालय में फिजिकल केमिस्ट्री के प्रोफेसर के पद पर हुई। पर यहाँ भी डॉ. भटनाकर का शोध-कार्य जारी रहा। उनका खास काम चुंबकीय रसायन पर था।

सन् 1940 में वाइसराय लार्ड लिनलिथगो लाहौर में उनकी प्रयोगशाला देखने पहुँचे और उनके शोध-कार्यों से प्रभावित हुए। भारत सरकार ने उद्योगों में वैज्ञानिक अनुसंधानों का लाभ पहुँचाने के लिहाज से वैज्ञानिक एवं औद्योगिक अनुसंधान बोर्ड की स्थापना की। डॉ. भटनागर इसके निदेशक बनाए गए। इस पद पर रहते हुए उन्होंने कई महत्वपूर्ण खोजें कीं, जिनका उपयोग भारतीय उद्योगों के विकास में हुआ। वे भारतीय उद्योगों के सामने आने वाली तकनीकी और व्यावहारिक दिक्कतों के बारे में भी सचेत थे और उनका वैज्ञानिक समाधान खोजने में जुट जाते थे। लिहाजा आज के औद्योगिक विकास को ऊँचाइयों पर पहुँचाने के लिहाज से एक ऐतिहासिक महत्व का काम उन्होंने कर दिखाया।

भारत के आजाद होने पर देश के पहले प्रधानमंत्री पंडित जवाहरलाल नेहरू का उन्हें पूरा सहयोग मिला। नेहरू जी डॉ. भटनागर की वैज्ञानिक प्रतिभा और देशभक्ति से बेहद प्रभावित थे। डॉ. भटनागर ने एक के बाद एक पूरे देश में राष्ट्रीय प्रयोगशालाओं की स्थापना करके उनकी एक ऐसी पुख्ता श्रृंखला बना दी, जिसने देश को विज्ञान के प्रगति-पथ पर आगे ले जाने और वैज्ञानिक दृष्टि से भारत को एक महाशक्ति बनाने के लिहाज से बड़ी भूमिका निभाई।

डा. भटनागर का सपना था कि देश के हर युवा वैज्ञानिक को अपने आसपास ही वैज्ञानिक अध्ययन और शोध के लिए पर्याप्त अवसर मिलें। वे आने वाले कल के एक वैज्ञानिक भारत का सपना देख रहे थे, जिससे भारत संसार का सिरमौर देश बने। और सच ही आने वाले समय के वैज्ञानिकों ने इसे काफी हद तक पूरा कर दिखाया।

1 जनवरी, 1955 को दिल का दौरा पड़ने से भारत के इस महान वैज्ञानिक का देहावसान हो गया। पर भारत के वैज्ञानिक विकास के मानचित्र को जब-जब कोई गौर से देखेगा, डॉ. भटनागर का महान योगदान उसकी आँखों के आगे खुद-ब-खुद तैर जाएगा।

35

होमी जहाँगीर भाभा

जिन्होंने परमाणु अनुसंधानों की नींव रखी

(1909–1966)

आधुनिक युग के जिन धुनी वैज्ञानिकों के कारण भारत आज नाभिकीय विज्ञान के शिखर तक पहुँच सका है, उनमें होमी जहाँगीर भाभा का नाम सबसे प्रमुख है। इस महान दूरदर्शी वैज्ञानिक ने भारत में परमाणु कार्यक्रम की जो मजबूत नींव रखी, उसी पर एक के बाद एक अनुसंधानों की सीढ़ियाँ चढ़ते हुए भारत आज दुनिया की प्रमुख परमाणु शक्ति के रूप में ख्याति प्राप्त कर सका है। सारा संसार आज भारत को परमाणु शक्ति संपन्न एक शक्तिशाली देश मानता है।

होमी जहाँगीर भाभा का जन्म 30 अक्तूबर, 1909 को मुंबई के एक प्रतिष्ठित पारसी परिवार में हुआ। उनके पिता जहाँगीर एच. भाभा वकील थे। माँ मेहरबाई फ्रेमजी पांडे भी अत्यंत सुसंस्कृत महिला थीं। मुंबई में शुरुआती पढ़ाई के बाद होमी जहाँगीर भाभा उच्च अध्ययन के लिए कैंब्रिज गए, जहाँ उन्हें कई प्रतिष्ठित वैज्ञानिकों का साथ मिला। वहाँ से लौटने के बाद वे बंगलुरु में इंडियन इंस्टीट्यूट ऑफ साइंस में भौतिकी में रीडर के पद पर नियुक्त हुए। पर होमी के मन का सपना तो कुछ और ही था।

वहाँ से कुछ वर्षों बाद वे मुंबई आ गए और एक नई संस्था टाटा इंस्टीट्यूट ऑफ फंडामेंटल रिसर्च के निदेशक बने। यह संस्था भाभा के सपनों का ही

व्यावहारिक रूप थी। असल में भाभा बड़ी तेजी से यह बात सोच रहे थे कि आज से वर्षों बाद जब नाभिकीय ऊर्जा का बिजली पैदा करने के लिए उपयोग होगा, तो भारत इस क्षेत्र में किसी से पीछे न रहे। टाटा इंस्टीट्यूट ऑफ फंडामेंटल रिसर्च की स्थापना इसी सपने को पूरा करने के लिए की गई।

सन् 1948 में भारत में परमाणु ऊर्जा आयोग की स्थापना हुई। तब डॉ. भाभा को इसका अध्यक्ष बनाया गया। शांतिपूर्ण कार्यों के लिए परमाणु ऊर्जा के इस्तेमाल का उनका सपना तत्कालीन प्रधानमंत्री जवाहरलाल नेहरू को खास पसंद आया। उन्होंने हर तरह से डॉ. होमी जहाँगीर भाभा को मदद दी और देखते ही देखते परमाणु क्षेत्र में भारत एक नए युगांतर तक जा पहुँचा।

इसके अलावा नाभिक विज्ञान में भाभा की खोजें भी अपना महत्वपूर्ण स्थान रखती हैं। इलेक्ट्रोनों द्वारा विकिरण ऊर्जा-क्षय और प्रोटोनों द्वारा युग्म-उत्पादन का सिद्धांत डॉ. भाभा की ऐसी महत्वपूर्ण खोज थी, जिसकी तरफ सारी दुनिया के वैज्ञानिकों का ध्यान गया। पर भाभा का इससे भी महत्वपूर्ण काम देश में परमाणु रिएक्टर बनाने की क्षमता पैदा करना है। उन्हीं के कारण आज भारत खुद परमाणु रिएक्टर बनाने वाला दुनिया का एक महत्वपूर्ण देश बन सका है।

डॉ. भाभा की संगीत और चित्रकला में भी गहरी रुचि थी और उनके बनाए हुए कुछ बहुत खूबसूरत और कलात्मक चित्र हमें मिलते हैं। आश्चर्य! विज्ञान के लिए इतना समय देने के बावजूद भाभा अपनी इन रुचियों के लिए किसी न किसी तरह समय निकाल ही लेते थे।

24 जनवरी, 1966 को एक विमान दुर्घटना में भारत के इस असाधारण प्रतिभाशाली वैज्ञानिक की मृत्यु हो गई। पर भारत को एक प्रमुख परमाणु शक्ति संपन्न देश बनाने का उनका सपना मरा नहीं है। वह कभी मर भी नहीं सकता।

36

विक्रम साराभाई

भारत के प्रसिद्ध अंतरिक्ष-विज्ञानी

(1919–1971)

आधुनिक युग में भारत को वैज्ञानिक दृष्टि से संपन्न, उन्नत और शक्तिशाली देश बनाने में जिन वैज्ञानिकों ने सबसे अधिक योगदान दिया है, उनमें विक्रम अंबालाल साराभाई भी हैं। विक्रम साराभाई की गिनती अंतरिक्ष अनुसंधान की दृष्टि से भारत के चोटी के वैज्ञानिकों में होती है। इस लिहाज से होमी जहाँगीर भाभा के बाद की पीढ़ी के वैज्ञानिकों में वे सबसे अधिक प्रतिष्ठापित और भारतीय जनता के लाड़ले वैज्ञानिकों में से हैं।

12 अगस्त, 1919 को एक संपन्न पारसी परिवार में जनमे विक्रम साराभाई बचपन से ही बहुत प्रखर, मेधावी और चिंतनशील थे। वे जिस परिवार में जनमे थे, उसमें पढ़ने-लिखने और अध्ययन की सारी सुविधाएँ थीं और विक्रम को प्रारंभ से ही किताबें पढ़ने का शौक था। उन्होंने पैसा कमाने की बजाय ज्ञान अर्जित करने और देश के लिए काम करने का निश्चय किया। उनकी रुचि प्रारंभ से ही गणित और भौतिकशास्त्र में थी और उन्होंने भौतिकशास्त्र में ही आगे चलकर काम करते हुए नवीनतम खोजें करने का निश्चय किया।

सन् 1943 में विक्रम साराभाई अंतरिक्ष-किरणों का अध्ययन करने के लिए कश्मीर गए। पर यहाँ हिमालय की प्राकृतिक सुंदरता ने उन्हें इतना मोहित किया

कि उन्होंने सोचा, 'काश, अंतरिक्ष-किरणों पर शोध के लिए यहीं मैं अपनी प्रयोगशाला निर्मित कर पाता!' बहरहाल इस दिशा में आगे शोध के लिए वे इंग्लैंड गए। लौटकर उन्होंने अहमदाबाद में भौतिकी अनुसंधान प्रयोगशाला स्थापित की। यह भी उच्च शिक्षा को समर्पित लगभग वैसी ही संस्था थी, जैसी संस्था भाभा ने 'टाटा इंस्टीट्यूट ऑफ फंडामेंटल रिसर्च' नाम से बनाई। बस, फर्क यह था कि भाभा द्वारा स्थापित संस्था परमाणु-कार्यक्रमों और अनुसंधान पर अधिक केंद्रित है और विक्रम साराभाई की संस्था अंतरिक्ष अनुसंधान को केंद्र में रखकर चल रही थी।

सच तो यह है कि अंतरिक्ष-विज्ञान की दृष्टि से आज भारत संसार के कुछ बड़े उन्नत देशों मे गिना जाता है, तो इसका श्रेय विक्रम साराभाई की दूरदृष्टि, लगन और प्रतिभा को ही जाता है। उनके कारण ही भारतीय अंतरिक्ष-अनुसंधान संगठन (इसरो) की गतिविधियों का विस्तार हुआ और नई-नई अंतरिक्ष तकनीकें भारत में आईं। सन् 1975 में आर्यभट उपग्रह अंतरिक्ष में भेजा गया। इसके पीछे की योजना और विचार विक्रम साराभाई का ही था। इसके अलावा जीवन भर अंतरिक्ष-किरणों के अध्ययन में वे लीन रहे और इस संबंध में उनके आविष्कार और स्थापनाओं ने सारी दुनिया का ध्यान आकर्षित किया।

असल में विक्रम साराभाई का सोचना था कि आगे चलकर अंतरिक्ष-विज्ञान किसी राष्ट्र के विकास में बहुत बड़ी भूमिका निभाने वाला है। वह हमें वायुमंडल, सूर्य की प्रकृति तथा प्रकृति के गूढ़ रहस्यों को समझने में बड़ा मददगार होगा। साथ ही सभी तरह के वैज्ञानिक विकासों में भी उसकी अपनी बड़ी भूमिका होगी। इस लिहाज से उन्होंने अंतरिक्ष-विज्ञान में नई से नई खोज करके जो राह दिखाई, उस पर चलकर नई पीढ़ी के बहुत से युवा वैज्ञानियों ने काफी महत्वपूर्ण काम कर दिखाया है।

इसी तरह विक्रम साराभाई का एक बड़ा लक्ष्य था विज्ञान को लोकप्रिय बनाना। वे चाहते थे कि विज्ञान केवल कुछ वैज्ञानिकों या विज्ञान पढ़ने वाले छात्रों की ही रुचि का विषय न रहे, बल्कि जनता भी उसमें दिलचस्पी ले और देश के वैज्ञानिक विकास में अपनी बड़ी और कारगर भूमिका निभाए। तभी यह संभव था कि देश में युवा वैज्ञानिकों की एक प्रतिभाशाली पीढ़ी सामने आए, जो दुनिया में हो रहे नए से नए अनुसंधानों से जोड़कर भारत को भी उस दिशा में आगे बढ़ाए। इसके अलावा विक्रम साराभाई कपड़े के उद्योग के साथ-साथ अन्य

कई उद्योगों के आधुनिकीकरण के पक्ष में थे, ताकि इन उद्योगों के बेहतर नतीजे सामने आ सकें और उनमें बेहतर निर्माण के साथ-साथ कलात्मक पूर्णता भी हो। इस लिहाजा से उन्होंने कई संस्थाएँ भी बनाईं और आगे बढ़कर काम किया। इसी तरह दवा उद्योग में मानकीकरण का जो युगांतकारी काम उन्होंने किाया, उसके महत्व को आज सभी स्वीकार करते हैं।

31 दिसंबर, 1971 को 52 वर्ष की अवस्था में ही भारत का ताजा उत्साह से भरा यह प्रतिभाशाली वैज्ञानिक चल बसा। पर आधुनिक भारत के वैज्ञानिक विकास तथा भारत के अंतरिक्ष-अनुसंधान को गति और ऊँचाई देने में उन्होंने जो महत्वपूर्ण भूमिका निभाई, उसे आज भी हम आदर के साथ याद करते हैं।

सच तो यह है कि इक्कीसवीं सदी में भारत को सचमुच विज्ञान के शिखर तक ले जाने वालों में विक्रम साराभाई भी हैं, जो शरीर से न होने पर भी, एक उज्ज्वल सपने के रूप में आज हमें हर कही दिखाई देते हैं।

37

हरगोविंद खुराना

जिन्होंने आनुवंशिकी में महान खोज की

(ज. 1922)

विदेश में रहकर भारतीय मूल के जिन वैज्ञानिकों ने अपनी बेहतरीन वैज्ञानिक खोजों से सारी दुनिया का ध्यान आकर्षित किया और दूर-दूर तक भारत की पताका लहराई, उनमें हरगोविंद खुराना का नाम सबसे पहले याद आता है। उन्होंने आनुवंशिकी विज्ञान या जेनेटिक्स में अपनी युगांतकारी खोजों से सारी दुनिया से यह मनवा लिया कि भारतीय लोग अब भी ज्ञान या प्रतिभा में पीछे नहीं हैं। सही परिस्थितियाँ तथा साधन मिलें, तो वे बहुत कुछ करके दिखा सकते हैं।

9 जनवरी, 1922 को पंजाब के रायपुर गाँव में जनमे हरगोविंद खुराना बचपन में किताबें पढ़ने के शौकीन थे। जिस गाँव में उनका जन्म हुआ था, उसमें ज्यादातर लोग निरक्षर थे। सिर्फ हरगोविंद खुराना का परिवार ही पढ़ा-लिखा था। शुरू में गाँव की पाठशाला में ही वे पढ़े। आगे की पढ़ाई के लिए लाहौर गए। वहाँ से एम.एस-सी. करने के बाद वे शोध करने के लिए लिवरपूल विश्वविद्यालय पहुँचे। वहाँ से पी-एच.डी. की डिग्री हासिल करके स्वदेश पहुँचे, तो वे सोचते थे कि भारत में उन्हें काम करने का अवसर मिलेगा। उन्होंने दिल्ली विश्वविद्यालय में लेक्चरशिप पाने के लिए आवेदन किया। पर उन्हें प्राध्यापकी तक न मिली। इससे वे दुखी तो हुए, पर निराश नहीं। वे कनाडा चले गए और विज्ञान की नई-नई खोजों में जुट गए। उन्होंने एक नए रसायन कोएंजाइम-ए का आविष्कार

किया, जिससे उनका नाम दूर-दूर तक फैल गया। वहाँ से वे अमेरिका के बिसकॉन्सिन विश्वविद्यालय में आए। कुछ समय बाद वे मैसाच्यूसेट्स इंस्टीट्यूट ऑफ टेक्नालॉजी में रसायनविज्ञान के प्रोफेसर बने। अब उनका अधिकतर समय अपने प्रिय विषय आनुवंशिकी पर शोध में बीतता था।

अब तक आनुवंशिकी विज्ञान काफी तरक्की कर चुका था और सैद्धांतिक रूप से सभी वैज्ञानिकों ने मान लिया था कि मनुष्य समेत सभी प्राणियों की रचना जींस से होती है। ये छोटे-छोटे जींस मनुष्य के व्यक्तित्व, प्रतिभा और बहुत सी दूसरी चीजों के बारे में निर्णायक भूमिका निभाते हैं। ऐसे असंख्य जींस हर मनुष्य और पशु-पक्षियों आदि में होते हैं। यह भी लगने लगा था कि ऐसे जींस कृत्रिम रूप से बना लिए जाएँ, तो न सिर्फ आनुवंशिक रोगों आदि से बचा जा सकेगा, बल्कि साथ ही मनुष्य की कैंसर आदि बहुत सी असाध्य समझी जाने वाली बीमारियों का भी आसानी से इलाज हो जाएगा। अब सवाल यह था कि क्या ये जींस प्रयोगशाला में बनाए जा सकते है ? क्योंकि इस बात को कहना जितना आसान है, करना उतना ही मुश्किल।

पर धुनी वैज्ञानिक हरगोविंद खुराना इस काम में जुटे, तो उन्होंने सब कुछ छोड़कर इसी में अपनी पूरी शक्तियाँ लगा दीं। आखिर उन्होंने एशरिकिया कोली नाम के एक जीवाणु का जीन बनाकर दिखा दिया। धीरे-धीरे उन्होंने और भी जीन बनाए। सबसे आश्चर्यजनक बात यह थी कि जब उन्होंने एशरिकिया कोली में प्रयोगशाला में बनाया गया यह जीन डाला, तो वह दूसरे प्राकृतिक जीनों की तरह ही व्यवहार करने लगा। यह देखकर हरगोविंद खुराना एक सुखद आश्चर्य से भर उठे। उन्होंने सचमुच एक बड़ी और क्रांतिकारी सफलता हासिल की थी। यह मनुष्य का आगे बढ़कर प्रकृति की रचना में रचनात्मक हस्तक्षेप था। देखते ही देखते सारी दुनिया में हरगोविंद खुराना का नाम छा गया और संसार के चोटी के वैज्ञानिकों में उनकी गिनती होने लगी। अपनी इसी खोज पर उन्हें मार्शल डब्ल्यू. नीरेनबर्ग और राबर्ट डब्ल्यू. होली के साथ सम्मिलित रूप से चिकित्साविज्ञान का नोबेल पुरस्कार मिला। हरगोविंद खुराना की उम्र तब केवल छियालीस वर्ष थी।

पर इतनी बड़ी सफलता हासिल करके भी उन्होंने रुकना नहीं सीखा। वे आगे की अपनी खोजों में लग गए। दुनिया के अन्य आनुवंशिकी वैज्ञानिकों की तरह उनका लक्ष्य भी आखिर मनुष्य का जीन बनाना है, क्योंकि इससे चिकित्साविज्ञान के क्षेत्र में सचमुच एक अविस्मरणीय क्रांतिकारी अध्याय जुड़ेगा। पर यह काम

बेहद पेचीदा है, क्योंकि मनुष्य का जीन एशरिकिया कोली के जीन की तुलना में कहीं अधिक लंबा और पेचीदा है। पर इस धुनी वैज्ञानिक से प्रेरणा लेकर कई वैज्ञानिक और खुराना के कई शिष्य भी इस काम में जुटे हैं। साथ ही खुराना इस बात के अध्ययन में लगे हैं कि अगर जीन में कुछ परिवर्तन किया जाए, तो इसका किसी जीव की रचना, आकृति और स्वभाव पर कैसा प्रभाव पड़ता है।

जाहिर है, हरगोविंद खुराना का यह काम जितना उम्मीदों भरा है, उतना ही जटिल और खतरों से भरा हुआ भी। पर यह संभव हुआ तो जाहिर है, 21वीं सदी में एक बिल्कुल अलग ढंग के चिकित्साविज्ञान की नींव पड़ जाएगी। और तब हरगोविंद खुराना को इसके युगांतकारी महानायक का दर्जा मिलेगा। अपनी इस अवस्था में भी वे इतनी सक्रियता से अपने काम में जुटे हैं, यह देखकर बहुत उम्मीद बँधती है।

38

जे.बी.एस. हाल्डेन

जो भारतीयता में रच-बस गए

(1892-1964)

आधुनिक भारत के वैज्ञानिकों में जे.बी.एस. हाल्डेन का नाम बड़े सम्मान के साथ लिया जाता है। हाल्डेन आक्सफोर्ड में पैदा हुए थे, पर इस प्राचीन देश की धरती का आकर्षण उन्हें यहाँ खींच लाया। भारत में आकर न सिर्फ वे पूरी तरह भारतीय सभ्यता में रच-बस गए, बल्कि साथ ही भारत की वैज्ञानिक प्रगति और अनुसंधान में उन्होंने खासा योगदान दिया।

प्रोफेसर हाल्डेन का पूरा नाम था—जोन बर्डन शेंडरसन हाल्डेन। उनका जन्म 5 नवंबर, 1892 को आक्सफोर्ड में हुआ। उनके पिता जोन स्पोट हाल्डेन प्रसिद्ध शरीर-क्रिया विज्ञानी थे। बचपन से ही जोन बर्डन थोड़े शरारती लेकिन प्रतिभाशाली थे। उनकी प्रतिभा नए-नए रूपों में फूट पड़ती। बल्कि कभी-कभी तो सनक में वे अजीबोगरीब काम करते। एक बार माँ ने उन्हें अजीबोगरीब मुद्राएँ बनाते हुए देखा। उन्हें बड़ी हैरानी हुई। पूछने पर जोन बर्डन शेंडरसन ने जवाब दिया, "माँ, मैं तरह-तरह के कुत्तों जैसी मुद्राएँ बनाने की कोशिश कर रहा हूँ।" इसके बाद उन्होंने तरह-तरह के कुत्तों के चेहरों का वर्णन किया, तो माँ हँसते-हँसते दोहरी हो गईं।

छोटी उम्र से ही हाल्डेन की विज्ञान में इतनी गहरी रुचि हो गई कि वे पिता के अनेक प्रयोगों में हाथ बँटाने लगे। पिता उनकी प्रतिभा के साथ-साथ खतरों से खेलने के उनके साहस को देखकर भी चकित थे। हाल्डेन की यह प्रवृत्ति अंत तक बनी रही।

प्रथम विश्व युद्ध के दौरान उन्होंने कई खतरे उठाकर देश के लिए काम किया था। यहाँ तक कि दुश्मन के कैंपों में घुसकर वे जरूरी सूचनाएँ ले आते थे।

हाल्डेन की अधिक रुचि जीव-जंतुओं और किस्म-किस्म के पौधों में थी। उन्होंने विधिवत विज्ञान की शिक्षा नहीं ली थी। पर अपनी गहन अंत:दृष्टि के कारण अकसर वे चीजों की तह तक पहुँच जाते और अपने एकदम मौलिक किस्म के निष्कर्षों से सभी को चकित कर देते थे। जेनेटिक्स में उनकी खोजों की इस मौलिकता की ओर वैज्ञानिकों का ध्यान गया। 1932 में वे रॉयल सोसाइटी के फैलो बने। हाल्डेन की पत्नी डॉ. हैलेन स्पर्के भी प्रसिद्ध वैज्ञानिक थीं।

हाल्डेन अकसर भारत आया करते थे। यह प्राचीन देश अपनी विविधता, जीव-जंतुओं और वनस्पति संपदा के कारण लगातार उन्हें आकर्षित करता था। भारतीयता और भारत के अंहिसा दर्शन से भी हाल्डेन प्रभावित थे। लिहाजा सन 1957 में वे इंग्लैंड छोड़कर पत्नी डॉ. हैलेन स्पर्वे के साथ भारत आ गए और यहीं की नागरिकता ग्रहण कर ली। वे इस कदर भारतीय हो गए कि उन्होंने यहीं की वेशभूषा अपना ली। धोती-कुरता पहनना उन्हें अच्छा लगता था और हाल्डेन अपनी इस भारतीय पोशाक में फबते भी खूब थे।

हाल्डेन ने कलकत्ता के सांख्यिकी संस्थान में खासा काम किया। बाद में उड़ीसा सरकार के आग्रह पर वे भुवनेश्वर आ गए। उन्हें जेनेटिक्स एंड बायोमीट्री प्रयोगशाला का निदेशक बनाया गया। जीवन भर वे यहीं अनुसंधान में जुटे रहे। अंत में 1 दिसंबर ,1964 को कैंसर से उनकी मृत्यु हुई। इससे पहले उन्होंने कैंसर पर एक अद्‍भुत कविता 'कैंसर इज ए फनी थिंग' लिखी थी। उन्हें पता था कि कैंसर के कारण उन्हें जल्दी ही चले जाना है। पर इससे भयभीत होने की बजाय वे और अधिक धुन के साथ अपने काम में जुट गए। हाल्डेन की मृत्यु के बाद उनकी पत्नी हैदराबाद चली गईं, जहाँ 1978 में उनकी मृत्यु हुई।

विज्ञान जगत में ऐसे समर्पित दंपति बहुत कम हैं जिन्होंने जीवन भर एक-दूसरे का साथ निभाया और उन्हें अपने काम में आगे बढ़ने की शक्ति और प्रेरणा दी। जब हाल्डेन भारत आए तो उनकी पत्नी ने भी उनकी इस बदली हुई जीवन-शैली और आदर्शों को खुशी-खुशी अंगीकार किया और वे भी पति की तरह ही भारतीयता में रच-बस गई थीं।

उड़ीसा यूनिवर्सिटी ऑफ एग्रीकल्चर एंड टेक्नोलॉजी में बनाया गया हाल्डेन हॉल आज भी हमें इस दिलखुश धुनी वैज्ञानिक की याद दिलाता है, जो भारत में जनमा भले न हो, पर जिसका पोर-पोर भारतीय संस्कृति में रचा-बसा था।

39

अयोध्यानाथ खोसला

सिंचाई और जल-विकास में नई खोज

(ज. 1892)

बीसवीं शताब्दी के प्रारंभिक दौर के प्रतिभाशाली वैज्ञानिकों में अयोध्यानाथ खोसला का नाम बड़े सम्मान से लिया जाता है। खासकर सिंचाई तथा जल-विकास को लेकर उनका अनुसंधान-कार्य बहुत महत्वपूर्ण है तथा इस दृष्टि से भारत के गिने-चुने चोटी के वैज्ञानिकों में उनकी गिनती होती है।

11 दिसंबर, 1892 को पंजाब में जनमे अयोध्यानाथ खोसला बचपन से खासे मेधावी तथा अध्ययनप्रिय थे। उनकी प्रतिभा को देखकर सभी चकित होते और उनकी प्रशंसा करते थे। डी.ए.वी. कॉलेज लाहौर में बी.ए. ऑनर्स करने के बाद उन्होंने रुड़की से इंजीनियरिंग की परीक्षा पास की। इसके बाद पंजाब में सिंचाई विभाग के चीफ इंजीनियर समेत उन्होंने एक से एक बड़े पदों को सुशोभित किया। हालाँकि विज्ञान के अध्ययन और नई-नई वैज्ञानिक खोजों में उनकी दिलचस्पी अंत तक बनी रही।

डॉ. खोसला ने विज्ञान की कई शाखाओं में काम किया और उनके शोध-पत्र संसार के जाने-माने रिसर्च जर्नल्स में छपे। उन्होंने कई महत्वपूर्ण किताबें भी लिखीं, जिनमें उनके शोध-निष्कर्ष थे। लिहाजा उन्होंने आगे आने वाले शोधार्थियों को शोध-कार्य के लिए प्रेरित किया तथा एक अच्छे गाइड का काम किया। अयोध्यानाथ खोसला का मुख्य कार्य जल-बहाव तथा जल-साधनों के संरक्षण को लेकर है। उन्होंने उस समय बनाए जा रहे बाँधों और उनके कारण पैदा हुई समस्याओं पर गंभीरता से अनुसंधान

किया और उनकी कमियों का पता लगाया। उनके अनुसार जल इंजीनियरिंग विधि की बजाय ब्लाइक्रीप सिद्धांत अपनाए जाने पर बाँधों को नुकसान नहीं पहुँचता और उनकी स्थिरता काफी बढ़ जाती है।

नदियों में पानी के बहाव से आने वाली मुश्किलों के साथ-साथ उन्होंने नीचे जमने वाली गाद को लेकर भी शोध-कार्य किए। और अपनी महत्वपूर्ण स्थापना वैज्ञानिकों के सम्मुख रखी, जिसकी ओर दुनिया भर के वैज्ञानिकों का ध्यान गया। इस तरह उन्होंने बाँधों को लेकर पैदा होने वाली समस्याओं से निबटने के तरीके पता किए।

उनके निष्कर्षों से लाभ उठाकर बाद में संशोधित तकनीक से बाँध बनाए गए और वे पहले की तुलना में अधिक सफल, स्थिर और उपयोगी साबित हुए। इस तरह अयोध्यानाथ खोसला ने जल-विद्या को गहराई से समझकर उसे लेकर नए सिद्धांत सामने रखे, जिनसे वैज्ञानिकों के साथ-साथ आम जनता को भी खास लाभ हुआ। डा. खोसला को अपनी वैज्ञानिक खोजों के कारण 1974 में शांतिस्वरूप भटनागर गोल्ड मैडल मिला तथा 1977 में उन्हें पद्मविभूषण से सम्मानित किया गया।

अयोध्यानाथ खोसला खाली किताबी वैज्ञानिक नहीं रहे। उन्होंने कुछ समय तक संसद सदस्य के रूप में भी जनता की सेवा की। इसी तरह रुड़की विश्वविद्यालय के वे कुलपति रहे। द्रव्य इंजीनियरी या जल-विद्या को लेकर उनके निरंतर प्रयोगों और अनुसंधान के महत्व को आज सारी दुनिया कृतज्ञता के साथ स्वीकार कर रही है तथा भविष्य में भी इस कारण अयोध्यानाथ खोसला की कीर्ति अमर रहेगी।

40

प्रशांतचंद्र महालानोबिस

भारत में सांख्यिकी के जन्मदाता

(1893–1972)

प्रशांतचंद्र महालानोबिस आधुनिक भारत के वह प्रतिभाशाली वैज्ञानिक थे, जिन्हें भारत में सांख्यिकी या स्टेटिस्टिक्स के जन्मदाता के रूप में याद किया जाता है। उन्होंने भारत में सांख्यिकी की इतनी मजबूत आधारशिला रखी कि देखते ही देखते पिछले कुछ दशकों में भारत ज्ञान के इस क्षेत्र के अग्रगण्य नायकों में गिना जाने लगा।

प्रशांतचंद्र महालानोबिस का जन्म 29 जून, 1893 को कोलकाता के एक प्रतिष्ठित व्यवसायी परिवार में हुआ था। उनकी माँ निरोदभाषिणी प्रसिद्ध चिकित्सक थीं। बचपन में ही सुसंस्कारित ब्रह्मसमाजी परिवार का प्रशांतचंद्र पर ऐसा प्रभाव पड़ा कि उनके भीतर अध्ययन और ज्ञान-विज्ञान की दुनिया के केंद्र तक पहुँचने की ललक पैदा हो गई। कलकत्ता के प्रेजीडेंसी कॉलेज में बी.एस-सी. की डिग्री हासिल करके आगे की पढ़ाई के लिए वे कैंब्रिज चले गए। वहाँ से भारत आए, तो प्रथम विश्वयुद्ध के कारण वापस लंदन नहीं जा सके। कलकत्ता के प्रेजीडेंसी कॉलेज में ही लेक्चरर के पद पर उनकी नियुक्ति हुई। बाद में इसी कॉलेज में वे प्रिंसिपल बन गए।

पर तमाम व्यस्तताओं के बावजूद प्रशांतचंद्र महालानोबिस का अध्ययन और सांख्यिकी के क्षेत्र में एक से एक नई खोजें रुकीं नहीं। बहुत से लोग तब

सांख्यिकी को निरर्थक चीज मानते थे। पर रवींद्रनाथ ठाकुर और नीलरत्न सरकार ने उन्हें निरंतर प्रोत्साहित किया और प्रशांतचंद्र अपनी धुन में आगे बढ़ते चले गए। उन्हें लग रहा था, आने वाले युग सांख्यिकी का युग है।

सन् 1920 में उनकी भेंट एन. अन्नाडेल से हुई जो उस समय भारतीय प्राणी सर्वेक्षण के निदेशक थे। अन्नाडेल ने प्रो. महालानोबिस को अपनी सांख्यिकी विधि से कोलकाता की ऐंग्लो इंडियन प्रजाति का विशेष समाजशास्त्रीय अध्ययन करने के लिए कहा। प्रो. महालानोबिस बड़े उत्साह से इस काम में जुट गए। यह उनके लिए सांख्यिकी की शक्ति और उपयोगिता दर्शाने का एक शानदार अवसर था और चुनौती भी। दो वर्ष तक लगातार अध्ययन के बाद इस संबंध में प्रशांत महालानोबिस का लेख 'एंथ्रोपोलोजिकल ऑब्जर्वेशन ऑन द ऐंग्लो इंडियंस ऑफ कैलकटा' छपा। सब ओर इसकी चर्चा हुई। और प्रो. महालानोबिस के साथ-साथ सांख्यिकी की भी धूम मच गई।

इसके बावजूद काफी समय तक सांख्यिकी को अलग विषय के रूप में मान्यता नहीं मिल सकी। बाद में उसे गणित में शामिल कर लिया गया। पर समय के साथ-साथ सांख्यिकी की उपयोगिता इतनी बढ़ी और उसमें एक के बाद एक इतनी खोजें हुईं कि आखिरकार सन् 1945 में सांख्यिकी को एक अलग विषय का दर्जा मिल गया।

सन् 1954 में तत्कालीन प्रधानमंत्री जवाहरलाल नेहरू ने महालानोबिस को राष्ट्रीय आय बढ़ाने और बेरोजगारी दूर करने के उपायों के बारे में अपने संस्थान में अध्ययन करने के लिए कहा। महालानोबिस ने बड़ी जिम्मेदारी से यह काम किया। शुरू में सांख्यिकी संस्थान प्रेजीडेंसी कालेज के भौतिकी विभाग में ही चलता रहा। बाद में उसके लिए एक अलग भवन बनाया गया। तब से इस संस्थान का ही नहीं, सांख्यिकी के काम-काज और उपयोगिता का भी निरंतर विकास होता चला गया। संस्थान में बायोमेट्री नामक नया अनुसंधान यूनिट खोला गया। प्रो. जे.बी.एस. हाल्डेन और उनकी पत्नी श्रीमती हाल्डेन के आने के बाद इसका खासा विकास हुआ। इसी तरह मनोविज्ञान और भाषा-संबंधी अनुसंधान इकाइयों की स्थापना हुई। लंदन से डॉ. पामेला रॉबिन्सन को भूगर्भशास्त्र संबंधी अनुसंधान यूनिट की स्थापना के लिए आमंत्रित किया गया और देखते ही देखते यह संस्थान सांख्यिकी के विश्व के आदर्श संस्थानों में से एक हो गया।

कई ऐसे मौके आए, जब प्रो. महालानोबिस ने सांख्यिकी की उपयोगिता और

महत्व को अपने ढंग से रेखांकित किया। सन् 1942 में बंगाल में भयानक बाढ़ आई। प्राय: सभी वैज्ञानिकों की राय थी कि नदी के तट-बंध बढ़ा दिए जाएँ। पर प्रो. महालानोबिस से राय पूछी गई, तो उन्होंने हर वर्ष के आँकड़े इकट्ठे किए। उन्होंने कहा, नदी में पानी के सुगम प्रवाह की व्यवस्था की जाए। यह राय एकदम सही साबित हुई। इसी तरह उड़ीसा में आने वाली बाढ़ों को लेकर भी उन्होंने गंभीर अध्ययन किया। हीराकुड बाँध उनके इसी अनुसंधान पर आधारित है और वह सांख्यिकी के महत्व को साबित करने वाला बिरला उदाहरण है।

28 जून, 1972 को इस महान वैज्ञानिक का देहावसान हुआ। बीसवीं शताब्दी के शुरुआती दशकों में ही इस दूरदर्शी चिंतक ने सांख्यिकी के महत्व को समझ लिया था, जिस पर आज के भारत का समूचा विकास टिका हुआ है। इसीलिए उन्हें आधुनिक भारत की वैज्ञानिक प्रगति के अग्रदूत के रूप में याद किया जाता है।

41

सालिम अली

भारत के महान पक्षी–विज्ञानी

(1896–1987)

सालिम अली भारत के महान पक्षी-विज्ञानी थे। बल्कि कहना चाहिए कि पक्षी-विज्ञान जैसी महत्वपूर्ण अध्ययन-शाखा की ओर सारे देश का ध्यान खींचने वाले दिग्गज लोगों में सालिम अली का नाम सबसे पहले ध्यान में आता है। भारत में सालिम अली मानो पक्षी–विज्ञान के पर्याय ही बन गए थे। इसलिए कि उनका अपना जीवन और पक्षियों के अध्ययन की उत्कंठा उनके लिए दो अलग–अलग चीजें न थीं। एक तरह से उन्होंने अपना समूचा जीवन ही अपने महान उद्‌देश्य के लिए समर्पित कर दिया था। यही कारण है कि भारत में पक्षी–विज्ञान के क्षेत्र में सालिम अली जैसा कोई दूसरा व्यक्ति आज तक नहीं हुआ। वे ऐसे पक्षी–विज्ञानी थे, जो अपनी मिसाल खुद थे।

हालाँकि सालिम अली के लिए काम करने की परिस्थितियाँ शुरू से ही काफी सख्त रही । 12 नवंबर, 1896 को एक साधारण परिवार में जनमे सालिम अली का पूरा नाम था सालिम मोइजुद्‌दीन अब्दुल अली। बचपन से उन्हें पशु–पक्षियों को देखना और उनकी आदतों के बारे में गौर करना अच्छा लगता था। साथ ही वे शिकार के शौकीन थे। एक बार किशोर अवस्था में उन्होंने एक पक्षी पर निशाना लगाया। वह पक्षी नीचे गिर पड़ा। तब सालिम अली ने उसे उठाया और गौर से देखने लगे। उन्हें वह चिड़िया अपनी जानी–पहचानी चिड़ियों से अलग लगी।

सालिम के चाचा प्रसिद्ध शिकारी थे। सालिम ने उनसे इस चिड़िया के बारे में पूछा, पर वे भी कुछ खास न बता सके। तब वे सालिम को एक ऐसे स्थान पर ले गए, जिसकी कल्पना भी उसके लिए मुश्किल थी। यह स्थान था मुंबई हिस्ट्री सोसाइटी का दफ्तर। चाचा ने संस्था के सचिव डब्ल्यू.एम. मिलार्ड को सालिम अली की जिज्ञासा के बारे में बताया। सुनकर मिलार्ड बहुत खुश हुए। उन्होंने उसे वह कमरा दिखाया जिसमें अलग-अलग किस्म की कई चिड़ियाँ थी। असल में यहाँ मरे हुए पक्षी थे जिन्हें भूसा भरकर रखा जाता था। उन्हें देखकर सालिम को बड़ी हैरानी हुई। पर जब मिलार्ड एक अलमारी खोलकर उसे वैसी ही चिड़िया दिखा दी, जैसी चिड़िया वह साथ लेकर आया था, तो सालिम की खुशी और अचरज का ठिकाना न रहा। मिलार्ड ने उसे बताया कि यह चिड़िया एक खास प्रजाति की नर बया है।

सालिम को पक्षियों के अध्ययन के लिए खोला गया यह संस्थान इतना भाया कि उसने मिलार्ड से कहा कि अगर उसके लिए कोई काम हो, तो वह इससे जुड़ना पसंद करेगा। मिलार्ड ने उसे पक्षियों को पहचानने की तरकीब बताई। यह भी बताया कि मरे हुए पक्षी को कैसे रखते हैं। कुछ समय बाद वे मुंबई नेचुरल हिस्ट्री सोसाइटी के म्यूजियम में गाइड बन गए और काफी रुचि से पक्षियों के बारे में अध्ययन में जुट गए।

कुछ समय बाद वे यह सीखने के लिए जर्मनी गए कि मरे हुए पक्षियों को कैसे भूसा आदि भरकर दर्शकों और शोधार्थियों के लिए सुरक्षित रखा जाता है। वहाँ से लौटने पर उन्हें यह जानकर धक्का लगा कि जिस पद पर वे काम कर रहे थे, अब वह खत्म हो गया है। पर सालिम अली निराश नहीं हुए। अब अपने जीवन की एक दिशा उन्हें मिल चुकी थी और कोई बाधा उनके कदमों को रोक नहीं सकती थी।

अब तक उनका विवाह भी हो चुका था और सिर पर पारिवारिक जिम्मेदारियों का बोझ था। पर उनकी पत्नी ने सालिम की पक्षियों में इतनी दिलचस्पी देखी, तो उसने काफी मदद की। वह खुद काम करती थी जिससे घर का गुजारा चलता था। सालिम अली दिन भर पक्षियों के अध्ययन में लगे रहते थे। जहाँ उनका घर था, वहाँ पक्षी बहुत आते थे। सालिम अली इन पक्षियों की आकृति, रंग, स्वभाव आदि के बारे में एक कॉपी में लिखते जाते थे। खासकर बया पक्षियों और उनके घोंसलों के बारे में उन्हें आश्चर्यजनक बातें पता चलीं। उन्हें मालूम पड़ा कि ये

घोंसले शुरू में नर बनाता है—एक नहीं, कई घोंसले । फिर घोंसला पसंद आने पर मादा बया आती है। दोनों मिलकर घोंसला पूरा करने में जुट जाते हैं और एक बेहतरीन कलाकृति जैसा यह घोंसला तैयार होता है। बाकी के अधूरे घोंसले यों ही पड़े रहते हैं।

अपने इन निष्कर्षों के बारे में सालिम अली ने लेख लिखे, तो सारी दुनिया का ध्यान उनकी तरफ गया। इसी तरह गौरैया पक्षियों के बारे में सालिम अली का अध्ययन और उनकी कही गई बातें इतनी दिलचस्प हैं कि उन्हें ढूँढ़-ढूँढ़कर पढ़ा जाना चाहिए। उस समय ऐसी किताबें नहीं थीं, जो भारतीय पक्षियों की आकृति, स्वभाव और रहन-सहन आदि की अधिक जानकारी देती हों। लिहाजा एक बड़ी कमी को पूरा करते हुए भारतीय पक्षियों के बारे में उन्होंने अपनी बहुचर्चित किताब 'बुक ऑफ इंडियन बर्ड्स' लिखी। इसी तरह एम. डिलन रिपले नाम के प्रसिद्ध पक्षी-प्रेमी के साथ मिलकर उन्होंने 'हैंड बुक ऑफ द बर्ड्स ऑफ इंडिया एंड पाकिस्तान' लिखी। यह किताब जो दस खंडों में है, पक्षियों के बारे में एक महत्वपूर्ण संदर्भ ग्रंथ की तरह है।

27 जुलाई, 1987 को 91 वर्ष की अवस्था में इस धुनी पक्षी-विज्ञानी का निधन हुआ। पर उन्होंने यायावर बनकर स्थान-स्थान पर घूमकर पक्षियों के बारे में जो दिलचस्प खोजें कीं, वे अब इतिहास का एक महत्वपूर्ण हिस्सा बन चुकी हैं।

42

पंचानन माहेश्वरी

भारत के जाने-माने वनस्पतिशास्त्री

(1904-1966)

आधुनिक युग में जिन वैज्ञानिकों ने अपने अथक परिश्रम, प्रतिभा और निरंतर शोध से भारत को समर्थ और उन्नत वैज्ञानिक देश बनाने में बड़ी भूमिका निभाई, उनमें पंचानन माहेश्वरी भी थे। उन्होंने फूलों वाले पौधे यानी एंजियोस्पर्म के क्षेत्र में इतना महत्वपूर्ण काम किया कि आज दुनिया भर में इस क्षेत्र में मौलिक काम करने वाले प्रतिभावान वैज्ञानिकों में उनकी गणना होती है। उनकी खोजें और निष्कर्ष बाद में आने वाली पीढ़ियों के लिए मार्गदर्शक बन चुकी हैं।

9 नवंबर, 1904 को राजस्थान के जयपुर शहर में जनमे पंचानन माहेश्वरी बचपन से ही बड़े मेधावी और अध्ययनशील थे। घर की हालत बहुत अच्छी न थी, पर पिता ने उन्हें अच्छी से अच्छी शिक्षा दिलाई तथा वे उन्हें पढ़ने-लिखने के लिए खासा प्रोत्साहित करते थे। उन्हें वे खूब किताबें खरीदकर देते थे और बेटे को रुचिपूर्वक उनका अध्ययन करते देख, उन्हें बड़ी खुशी होती थी। पंचानन खासे होशियार थे और स्कूली पढ़ाई के अलावा भी काफी कुछ पढ़ने के लिए समय निकाल लेते थे। इंटरमीडिएट के बाद आगे की पढ़ाई के लिए वे इलाहाबाद गए। वहाँ के इविंग क्रिश्चियन कॉलेज में बी.एस-सी. में दाखिला लिया।

वहाँ वनस्पतिविज्ञान विभाग के अध्यक्ष थे, प्रसिद्ध वनस्पतिशास्त्री विनफिल्ड डेजियन। डेजियन ऐसे स्वप्नदर्शी वैज्ञानिकों थे जो हमेशा अपने काम में डूबे रहते

थे और जिन्हें अपने काम में गहरी लगन वाले ही विद्यार्थी अच्छे लगते थे। जब उन्होंने पंचानन माहेश्वरी को देखा, तो उन्हें लगा कि यह सीधा, कठोर परिश्रमी और प्रतिभाशाली युवक आगे चलकर बहुत काम कर दिखाएगा। अब तो डेजियन ने एक ममतालु अध्यापक की तरह पंचानन माहेश्वरी का मार्गदर्शन करते हुए, उन्हें निरंतर आगे काम करने की प्रेरणा और प्रोत्साहन देना शुरू किया। इससे पंचानन माहेश्वरी में और अधिक श्रम करने की ललक पैदा हुई। वे अधिक से अधिक अपने गुरु की कसौटी पर खरा उतरने की कोशिश करते। शिष्य और गुरु में परस्पर प्रेम का एक अनोखा संबंध बन गया और पंचानन माहेश्वरी के व्यक्तित्व में लगातार निखार आता गया।

डेजियन पंचानन माहेश्वरी को अकसर अपने साथ बाहर जंगलों में घुमाने ले जाते और उन्हें किस्म-किस्म की वनस्पतियों और उनकी विशेषताओं के बारे में बताते। एम.एस-सी. के बाद पंचानन माहेश्वरी ने डेजियन के निर्देशन में ही एंजियोस्पर्म पर शोध किया जो उनके निर्देशक का प्रिय विषय था। उन्होंने इस वर्ग के पौधों के रंग, आकृति, भ्रूण-विज्ञान तथा उनके परस्पर संबंध का अध्ययन किया। इसके बाद पंचानन माहेश्वरी ने अपने इसी काम को आगे बढ़ाते हुए डी.एस-सी. की डिग्री हासिल की। जब वे इलाहाबाद छोड़ रहे थे, तब उनके गुरु डेजियन ने प्रेमपूर्ण शब्दों में कहा, ''जो मैंने तुम्हारे लिए किया, वह तुम अपने शिष्यों के लिए करना।''

सुनकर पंचानन माहेश्वरी की आँखें भीग गईं। उन्होंने जीवन भर गुरु की सीख को याद रखा कि विज्ञान में उन्नति अकेले-अकेले नहीं, परस्पर मिलकर एक-दूसरे के काम को आगे बढ़ाने से होती है।

पंचानन माहेश्वरी को जीवन मे एक से बढ़कर एक उपलब्धियाँ हासिल हुईं। सन् 1965 में वे रॉयल सोसाइटी के सदस्य चुने गए। उन्हें बीरबल साहनी मैडल भी मिला। दिल्ली विश्वविद्यालय में वनस्पतिशास्त्र के अध्यक्ष बनने पर पंचानन माहेश्वरी के शब्दों में अपने गुरुं के शब्द गूँज रहे थे, ''जो मैंने तुम्हारे लिए किया, वह अपने शिष्यों के लिए करना।'' और सचमुच उन्होंने बाद की पीढ़ी के लिए ऐसे तमाम नौजवान तैयार किए जिन्होंने भ्रूण-विज्ञान पर काम करके बड़ी और महत्वपूर्ण खोजें की।

डॉ. पंचानन माहेश्वरी ने फूल वाले पौधों के भ्रूण-विज्ञान में ऐसी खोजें कीं, जिनकी उनसे पहले किसी कल्पना तक नहीं की थी। इन्हीं में एक प्रयोगशाला में

टेस्ट ट्यूब में पौधों के भ्रूण का विकास करना था। इस विधि का एक बड़ा लाभ यह हुआ कि जिन पौधों को एक-दूसरे से मिलाकर संकर प्रजाति नहीं बनाई जा सकती थी, अब उन्हें आसानी से एक नई प्रजाति के भ्रूण में बदला जा सकता है। इस तरह पौधों के भ्रूण-विज्ञान में कई आश्चर्यजनक और क्रांतिकारी खोजें उन्होंने कीं, जिनसे आगे काम करने की अनंत दिशाएँ खुलती चली गईं। उनके शिष्यों ने उचित ही उनकी दिखाई गई विधि से खोजे गए ऐसे कुछ नए पौधों का नाम पंचानन माहेश्वरी के नाम पर ही रखा।

18 मई, 1966 को 62 वर्ष की अवस्था में भारत के इस अत्यंत प्रतिभाशाली वनस्पतिशास्त्री का देहांत हुआ। पर उन्होंने वनस्पतिशास्त्र में एकदम अलग ढंग से काम करके शोध की जो उपयोगी दिशाएँ खोलीं, उनके कारण उनका नाम हमेशा याद किया जाता रहेगा।

43

डॉ. दौलतसिंह कोठारी

प्रसिद्ध अंतरिक्षविज्ञानी

(1906–1993)

आधुनिक भारत के जाने-माने वैज्ञानिकों में दौलतसिंह कोठारी का नाम भी बड़े सम्मान के साथ लिया जाता है। खासकर अंतरिक्ष के बौने तारों की बनावट को समझने के लिए उन्होंने जो वैज्ञानिक सिद्धांत दिया, उसे दुनिया के प्राय: सभी अंतरिक्षविज्ञानियों ने महत्वपूर्ण माना है। इसके अलावा परमाणु विस्फोट और उनके प्रभावों को लेकर उन्होंने पुस्तक लिखी जिसे आज भी बहुत महत्वपूर्ण माना जाता है। डॉ. कोठारी उन वैज्ञानिकों में से थे जिनके वैज्ञानिक अनुसंधानों का उद्देश्य भारत का उत्थान तथा विश्व मानव की सेवा के लिए साधन जुटाना था। इस नाते आधुनिक वैज्ञानिकों में उनका दर्जा काफी ऊँचा है।

6 जुलाई, 1906 को राजस्थान के उदयपुर शहर में जनमे दौलतसिंह कोठारी बचपन से ही बड़े परिश्रमी और प्रतिभाशाली थे। छोटी अवस्था में ही पिता का देहांत हो जाने के कारण उन्हें स्वयं आगे बढ़कर चुनौतियों का सामना करना पड़ा। शुरू में जयपुर और इंदौर में उन्होंने शिक्षा ग्रहण की, फिर इलाहाबाद विश्वविद्यालय से एम.एस-सी. किया। डॉ. कोठारी ने कैंब्रिज विश्वविद्यालय से पी.एच-डी की डिग्री हासिल की। पर उनका उद्देश्य केवल डिग्री हासिल करना नहीं था। वे चाहते थे कि भारत को विकास के पथ पर ले जाने के लिए वे

आगे बढ़कर काम करें। डॉ. कोठारी भारत के मूर्धन्य वैज्ञानिकों जगदीशचंद्र बसु, चंद्रशेखर रामन तथा मेघनाथ साहा से बेहद प्रभावित थे। उनका सपना था कि वे भी उन्हीं की तरह विज्ञान के क्षेत्र में भारत का नाम चमकाएँ।

सन 1934 में डॉ. कोठारी की नियुक्ति दिल्ली विश्वविद्यालय में हुई। यहाँ लगभग पचीस वर्ष तक भौतिकविज्ञान के प्राध्यापक के रूप में छात्रों को शिक्षा देते हुए उन्होंने अगली पीढ़ी के मन में विज्ञान के प्रति गहरी रुचि पैदा करने के साथ-साथ संतुलित वैज्ञानिक नजरिया उत्पन्न करने का काम किया। इसके बाद भारत सरकार के प्रतिरक्षा मंत्रालय में उनकी नियुक्ति हुई। कुछ समय बाद वे प्रतिरक्षा मंत्री के वैज्ञानिक सलाहकार नियुक्त हुए। इस पद पर रहते हुए उन्होंने देश में जगह-जगह वैज्ञानिक प्रयोगशालाएँ स्थापित कीं तथा वैज्ञानिक शोधों को आगे बढ़ाया। उन्होंने इलेक्ट्रॉनिकी, शस्त्रविज्ञान, खाद्य पदार्थों के संचय के तरीकों के साथ-साथ रेगिस्तान को हरा-भरा बनाने जैसे विषयों पर भी शोध-कार्यों को प्रोत्साहित किया।

डॉ. कोठारी ने एक नए आधुनिक भारत की रचना के उद्देश्य को सामने रखकर वैज्ञानिकों को नई-नई दिशाओं में काम करने के लिए प्रेरित किया। स्वयं डॉ. कोठारी ने दबाव आर्निकरण सिद्धांत की खोज की, जिसे देश-विदेश के वैज्ञानिकों ने अत्यंत महत्वपूर्ण माना। इसी सिद्धांत के आधार पर जब उन्होंने अंतरिक्ष के बौने तारों की बनावट को समझने का अपना सिद्धांत सामने रखा, तो दुनिया के तमाम वैज्ञानिक आश्चर्यचकित रह गए। आज भी बौने तारों की संरचना से संबंधित डॉ. कोठारी के सिद्धांत को अत्यंत महत्वपूर्ण माना जाता है।

इसी तरह परमाणु-भंजन तथा परमाणु विस्फोटों को लेकर कोठारी ने तमाम प्रयोग किए और बहुत सी नई बातें खोजीं। उनकी पुस्तक 'न्यूक्लियर एक्सप्लोजिव्स एंड देयर इफेक्ट्स' इस लिहाज से अत्यंत उपयोगी पुस्तक है। इसी तरह बौने तारों को लेकर लिखी गई उनकी पुस्तक 'थ्योरी आफ व्हाइट ड्वार्थ स्टार्स' को वैज्ञानिक जगत में खासा सम्मान हासिल है। हालाँकि डॉ. कोठारी की भाषा इतनी सहज है कि आम आदमी भी उसका पूरा रस ले सकता है। इसी तरह डॉ. कोठारी की एक अन्य उल्लेखनीय पुस्तक है 'न्यूमरस पेपर्स ऑन स्टेटिस्टिकल थर्मोडायनोमिक्स'।

14 फरवरी 1993 को भारत के इस प्रतिभाशाली वैज्ञानिक और असाधारण शिक्षाविद् का निधन हुआ। पर आधुनिक भारत को वैज्ञानिक विकास की ऊँचाइयों तक पहुँचाने में उनका जो योगदान है, उसे भुलाया नहीं जा सकता।

44

डॉ. आत्माराम

ठेठ देसी ढंग के बड़े वैज्ञानिक

(1908–1985)

मन में सच्ची लगन हो, तो एक साधारण परिवार का बालक भी आगे चलकर शीर्ष स्थान पर पहुँच सकता है। सीधे-सरल और विनम्र स्वभाव के वैज्ञानिक डॉ. आत्माराम का जीवन इसकी मिसाल है। उन्होंने अपनी लगन और अथाह परिश्रम से विज्ञान-जगत में ऊँचा स्थान हासिल किया और बड़े-बड़े काम कर दिखाए। यही कारण है कि आधुनिक भारत को वैज्ञानिक प्रगति के रास्ते पर ले जाने वाले प्रतिभाशाली वैज्ञानिकों में डॉ. आत्माराम का नाम बड़े सम्मान से लिया जाता है।

12 अक्तूबर, 1908 को उत्तर प्रदेश के बिजनौर जिले के पिलाना गाँव में जनमे डॉ. आत्माराम बचपन से ही बड़े जिज्ञासु प्रवृत्ति के तथा मेधावी थे। उनके पिता लाला भगवानदास एक मामूली पटवारी थे, पर वे ईमानदार और दयालु थे तथा गाँव में सभी की मदद करते थे। इस बात का आत्माराम पर भी असर पड़ा। उन्होंने बहुत कम पैसों में अपनी पढ़ाई करते हुए अच्छे नंबर लाकर दिखाए। पढ़ाई-लिखाई में उनकी रुचि देखकर सभी प्रभावित होते थे।

फिर भी बार-बार मुश्किलें आ जातीं। आत्माराम बड़े खुद्दार और जीवट वाले इनसान थे। मुश्किलों का वे बड़ी हिम्मत से सामना करते थे। ऐसी ही एक

मुश्किल तब आई, जब बी.एस-सी. की परीक्षा अच्छे अंकों में पास करने के बाद भी उन्हें इलाहाबाद विश्वविद्यालय में एम.एस-सी. में प्रवेश नहीं दिया गया।

इस बात से आत्माराम को दुख हुआ। उन दिनों डॉ. नीलरत्न धर विभागाध्यक्ष थे जिनके लिए आत्माराम के मन में बड़ा सम्मान था। वे कोई महीने-डेढ़ महीने तक डॉ. धर की कक्षा के बाहर खड़े होकर नोट्स लेते रहे। तब आखिर गुरु का दिल पिघला और उन्हें प्रवेश मिल गया। बाद में जब परीक्षा का परिणाम निकला, वे प्रथम श्रेणी में प्रथम आए। लोग यह देखकर चकित रह गए कि जिस विद्यार्थी को प्रवेश तक नहीं मिल पा रहा था, उसने पूरी यूनिवर्सिटी में सर्वाधिक अंक हासिल किए।

इसके बाद आत्माराम ने एक छात्रवृत्ति के तहत फोटो रसायन क्रियाओं का गहरा अध्ययन किया। इसी पर उन्हें डॉक्टर ऑफ साइंस की डिग्री मिली। आत्माराम बड़ी सादगी से जीवन बसर करते थे। इसका पता इस बात से चलता है कि उन्हें जो सौ रुपए छात्रवृत्ति मिलती थी, उसमें से केवल सात रुपए वे अपने ऊपर खर्च करते थे, बाकी घर भेज देते थे।

इसके बाद आत्माराम की नियुक्ति भारतीय औद्योगिक अनुसंधान संस्थान में हुई। यहाँ शांतिस्वरूप भटनागर और मेघनाथ साहा सरीखे दिग्गज वैज्ञानिकों से उन्हें मिलने का सौभाग्य मिला। डॉ. आत्माराम ने भी दृढ़ निश्चय कर लिया कि वे देश के वैज्ञानिक विकास के लिए अपना सारा जीवन अर्पित कर देंगे। यहीं उन्होंने ऐसे पदार्थों को लेकर शोध किया जिनकी अग्निशमन में बड़ी भूमिका होती है। युद्ध के समय ऐसे अग्निशामक पदार्थों का उपयोग शत्रुओं के प्रहारों से बचने के लिए हो सकता है। फैक्टरियों में भी इसका आपातकालीन उपयोग होता है।

कुछ समय बाद डॉ. शांतिस्वरूप भटनागर के आग्रह पर आत्माराम ने कोलकाता की केंद्रीय काँच और मृत्तिका अनुसंधानशाला का काम सँभाल लिया। यहाँ उन्होंने रात-दिन प्रयोग करके अच्छे किस्म का समांगी काँच (ऑप्टिकल ग्लास) बनाने में सफलता हासिल की। पर इसके बावजूद भारत सरकार रूस से समांगी काँच मँगाना चाहती थी। इस बारे में समझौता भी हो गया।

तब आत्माराम को गहरा दुख हुआ। उन्हें प्रधानमंत्री जवारहरलाल नेहरू को पत्र लिखा, "मेरे द्वारा तैयार किए गए समांगी काँच का परीक्षण करवा लिया जाए। अगर यह किसी भी तरह घटिया या अनुपयुक्त साबित हो, तो विदेश से समांगी काँच मँगवाने में मुझे कोई आपत्ति न होगी।"

इस पर डॉ. आत्माराम द्वारा तैयार किए गए समांगी काँच का परीक्षण हुआ और उसे हर तरह से सही और अच्छे किस्म का पाया गया। तब से भारत में बढ़िया समांगी काँच का उत्पादन शुरू हो गया। और आज तो देश में ऐसे कई कारखाने काम कर रहे हैं। डॉ. आत्माराम को ही यह श्रेय जाता है कि आज भारत समांगी काँच का उत्पादन करने वाले दुनिया के छह प्रमुख देशों में से एक है।

लेकिन आत्माराम यहीं रुके नहीं। काँच के क्षेत्र में उनके कई तरह के अन्य प्रयोग भी चलते रहे। उन्होंने उम्दा रंगीन काँच तथा फेनिल (झागदार) काँच बनाने में भी सफलता हासिल की। साथ ही उनका यह प्रयत्न भी रहा कि नई पीढ़ी में विज्ञान के प्रति रुचि पैदा हो।

उन्होंने देखा कि भारत के वैज्ञानिक विकास में भाषा एक बड़ी समस्या है। अंग्रेजी भाषा की अड़चन के कारण बहुत से प्रतिभाशाली युवा इधर आने से हिचकते हैं। जब वे अपनी ही भाषा में पढ़ेंगे और सोचेंगे, तो वे नई से नई चीजें खोजकर दिखा देंगे। यही सोचकर उन्होंने हिंदी में पढ़ने-पढ़ाने पर जोर दिया। यही नहीं, बल्कि उन्होंने अपने अनेक महत्वपूर्ण शोध-पत्र हिंदी में पढ़कर तमाम वैज्ञानिकों को आश्चर्यचकित कर दिया।

आत्माराम इतने सरल स्वभाव के थे कि उन्होंने कभी टाई नहीं पहनी। एक बार एक इंटरव्यू में जाना था तो कई दिनों तक उन्होंने टाई पहनने का अभ्यास किया, पर बाद में इसे हमेशा के लिए छोड़ दिया।

सन 1985 में भारत के इस संत-हृदय वैज्ञानिक का देहावसान हुआ। डॉ. आत्माराम का नाम आधुनिक भारतीय वैज्ञानिकों में इस नाते सबसे अलग दिखाई देता है कि उन्होंने ठेठ देसी ढंग का जीवन जीते हुए भी, विज्ञान में बड़े से बड़े काम कर दिखाए।

उन्होंने हिंदी में विज्ञान के क्षेत्र में बड़े से बड़े काम करने का सपना दिखाया। ऐसे सरल और उदार वैज्ञानिक को भला कौन भूल पाएगा!

45

सुब्रह्मण्यन चंद्रशेखर

भारत के प्रसिद्ध खगोलविज्ञानी

(1910–1995)

आधुनिक काल के जिन वैज्ञानिकों ने खगोलशास्त्र में अपनी खोजों से सारे संसार के वैज्ञानिकों का ध्यान आकर्षित किया तथा तारों और अंतरिक्ष-विज्ञान के क्षेत्र में ऐतिहासिक महत्व की बहुत सी नई और आश्चर्यजनक जानकारियाँ दीं, उनमें सुब्रह्मण्यन चंद्रशेखर का नाम एक जगमगाते सितारे की तरह अलग से नजर आता है। सच तो यह है कि सुब्रह्मण्यन चंद्रशेखर ने अपनी खोजों से अंतरिक्ष-विज्ञान की बहुत सी अनसुलझी पहेलियों और रहस्यों को खोलते हुए, अंतरिक्ष को हमारे कही अधिक जाना-पहचाना और आत्मीय बना दिया।

19 अक्तूबर, 1910 को लाहौर में जनमे सुब्रह्मण्यन चंद्रशेखर को बचपन से ही किताबें पढ़ने का शौक था। वे सिर्फ अपने पाठ्यक्रम की किताबें ही नहीं पढ़ते थे, बल्कि भौतिकविज्ञान के क्षेत्र में हो रही नई-नई खोजों में भी उनकी दिलचस्पी थी। इस संबंध में उन्हें जहाँ से भी जानकारी मिलती, वे रुचिपूर्वक उसे पढ़ते और उस पर सोचते-विचारते रहते थे। लिहाजा विद्यार्थी जीवन में ही सुब्रह्मण्यन चंद्रशेखर न सिर्फ औरों से अधिक बहुपठित थे, बल्कि उनकी सोच का दायरा औरों से अधिक बड़ा था। उनका व्यक्तित्व बहुआयामी था जो जीवन-

जगत की नई-नई से बातों को खासी रुचि से ग्रहण करता था। यहाँ तक कि विद्यार्थी अवस्था में उन्होंने शोध-लेख लिखकर उन्हें प्रसिद्ध जर्नल्स में भेजना शुरू कर दिया था।

जब वे मद्रास के प्रेजीडेंसी कॉलेज में बी.ए. ऑनर्स के छात्र थे, तो काफी प्रसिद्ध हो चुके थे। उनके कई लेख तब तक कई प्रतिष्ठित पत्र-पत्रिकाओं में प्रकाशित हो चुके थे। उनके साथ के छात्र ही नहीं, अध्यापक भी इस प्रतिभाशाली छात्र की लगन और प्रतिभा से प्रभावित थे। सुब्रह्मण्यन चंद्रशेखर सन् 1937 में अध्ययन और काम के सिलसिले में अमेरिका पहुँचे, तब एक प्रसद्धि खगोलशास्त्री के रूप में उनकी ख्याति वहाँ भी पहुँच चुकी थी। लिहाजा अध्ययन और काम के मौके उनके आगे आते चले गए और सुब्रह्मण्यन चंद्रशेखर पूरी तरह अपने काम में डूब गए।

खगोलशास्त्र में सुब्रह्मण्यन चंद्रशेखर की सबसे बड़ी और अश्चर्यजनक खोज बौने तारों या व्हाइट ड्वार्फ के आकार के संबंध में उनकी वह खोज है, जिससे सारे संसार में आज 'चंद्रशेखर लिमिट' के रूप में जाना जाता है। सुब्रह्मण्यन चंद्रशेखर ने अपने लंबे अनुसंधान के बारे में बताया कि इस तरह के बौने तारों का आकार एक सीमा से अधिक नहीं बढ़ सकता। इसलिए कि अगर उसका आकार बहुत बड़ा हो तो उसमें भीषण विस्फोट होता है, जिससे अतिरिक्त पदार्थ छिटककर गिर पड़ता है। तब वह एक बेहद उज्ज्वल, जगमगाता सुपरनोवा सितारा बन जाता है, जिसे 'सुपरनोवा' कहकर पुकारा जाता है।

इसी तरह उनकी एक आश्चर्यजनक खोज अंतरिक्ष के 'ब्लैक होल्स' की व्याख्या है। उनकी यह व्याख्या बहुतों को अविश्वसनीय लगी थी कि ब्लैक होल इतना भारी खगोल पिंड है कि उसके एक चम्मच पदार्थ का भार कई टन होता है। पर आज उनकी यह बात प्राय: सभी खगोलशास्त्री स्वीकार करते हैं। बल्कि सच तो यह है कि सुब्रह्मण्यन चंद्रशेखर की इन खोजों ने अंतरिक्ष की सही वैज्ञानिक व्याख्या में इतनी बड़ी भूमिका निभाई है, जिसकी पहले लोग कल्पना तक नहीं कर सकते थे। बीसवीं शताब्दी के उत्तरार्द्ध में अंतरिक्ष को लेकर जितनी भी नई और युगांतकारी खोजों हुई हैं, उनके केंद्र में कहीं न कहीं सुब्रह्मण्यन चंद्रशेखर के सिद्धांत या उनके द्वारा की गई महत्वपूर्ण खोजें हैं। उनके कई शिष्य भी उनके काम को आगे बढ़ाने में लगे हैं।

सन् 1983 में 73 वर्ष की अवस्था में सुब्रह्मण्यन चंद्रशेखर को भौतिकविज्ञान में अपनी खोजों के कारण नोबेल पुरस्कार मिला, जबकि वे इससे कई दशक

पहले ही विश्वविख्यात खगोलशास्त्री के रूप में मान्यता पा चुके थे। यहाँ तक कि उनसे पढ़ने और उनसे मार्गदर्शन पाने वाले विद्यार्थी उनसे कई दशक पहले ही नोबेल पुरस्कार ले चुके थे। पर सुब्रह्मण्यन चंद्रशेखर इसे महत्व नही देते थे। उनके लिए महत्व तो काम का था और उम्र के आखिरी चरण तक वे उसमें निरंतर डूबे रहे। इतने बड़े वैज्ञानिक होने पर भी उनका जीवन बड़ा सादा और सरल था और उसमें भारतीयता की गहरी छाप थी।

21 अगस्त, 1995 को विश्व में भारत का परचम लहराने वाले इस महान वैज्ञानिक का निधन हुआ। सच तो यह है कि सुब्रह्मण्यन चंद्रशेखर उन वैज्ञानिकों में से हैं, जिन्होंने अपने अथक परिश्रम और खोजों से भविष्य में भारतीयों की प्रतिभा का सिक्का मनवाकर भारत का मस्तक ऊँचा किया।

46

डॉ. कैलिंपुदी राधाकृष्ण राव

प्रसिद्ध गणितज्ञ और सांख्यिकीविद

(ज. 1920)

आधुनिक भारत में सांख्यिकी के विकास में जिन प्रतिभाशाली गणितज्ञों और वैज्ञानिकों ने बड़ा योगदान किया, उनमें प्रोफेसर प्रशांत महालानोबिस के बाद डॉ. कैलिंपुदी राधाकृष्ण राव का नाम सर्वाधिक महत्वपूर्ण है। डॉ.राधाकृष्ण राव डॉ. प्रशांत महालानोबिस के सबसे योग्य शिष्यों में से एक हैं। हालाँकि यह एक संयोग ही है कि वे सांख्यिकी की दिशा में काम करने के लिए आए और अपना पूरा जीवन इसी के लिए समर्पित कर दिया। असल में राधाकृष्ण सेना में भर्ती होने के लिए कोलकाता आए थे। पर यहाँ का सांख्यिकी संस्थान देखकर वे इस कदर प्रभावित हुए कि उन्होंने सांख्यिकी के क्षेत्र में काम करने का निर्णय कर लिया। फिर तो वे इसमें इस कदर रमे कि उन्होंने इस क्षेत्र में एक से एक महत्वपूर्ण शोध किए जिनकी चारों ओर धूम मच गई। विश्व के चोटी के सांख्यिकी के विद्वानों में उनका नाम लिया जाता है।

10 सितंबर, 1920 को कर्नाटक के दक्षिण हदागली नामक स्थान पर जनमे डॉ. कैलिंपुदी राधाकृष्ण राव बचपन से ही बड़े मेधावी और कर्मठ थे। विद्यार्थी काल में ही दूर-दूर तक उनका नाम फैल गया था। आंध्र विश्वविद्यालय से गणित में एम.एस-सी.परीक्षा पास करने के बाद वे कोलकाता आ गए। यहाँ उन्होंने भारतीय सांख्यिकी संस्थान में रहकर अध्ययन किया तथा अनेक महत्वपूर्ण खोजें

कीं। संस्थान द्वारा उन्हें कैंब्रिज भेजा गया, जहाँ उन्होंने अपना महत्वपूर्ण शोध-कार्य किया तथा डी.एस-सी. की डिग्री हासिल की।

इसके बाद डॉ. कैलिंपुदी राधाकृष्ण राव लंबे अरसे तक भारतीय सांख्यिकी संस्थान में निदेशक रहे। उनके बहुत से शोध-पत्र अंतर्राष्ट्रीय महत्व के रिसर्च जर्नल्स में छपे। अफ्रीका के गेविल मोया के आदिवासियों के अध्ययन के सिलसिले में वे कैंब्रिज गए और अपने गुरु प्रो. महालानोबिस के द्वारा खोजी गई विधियों के आधार पर अपना अध्ययन और अनुसंधान किया। कैलिंपुदी राधाकृष्ण राव का मानना है कि विज्ञान के आधुनिकतम शोधों में भी सांख्यिकी का इस्तेमाल संभव है, जिससे अनुसंधान करने में बहुत मदद मिल सकती है। हालाँकि विज्ञान का क्षेत्र जटिल है, इसलिए वहाँ सांख्यिकी के प्रयोग को लेकर अधिक सावधनी बरतने की जरूरत है।

डॉ. राधाकृष्ण राव ने विज्ञान की दुनिया में बहुत गंभीर काम और अनुसंधान किया है। इसी कारण 1967 में उन्हें रॉयल सोसाइटी का सदस्य बनाया गया। लेकिन यह दिलचस्प बात है कि इतने गंभीर वैज्ञानिक अध्ययन के बावजूद वे बड़े विनोदी-वृत्ति के हैं तथा साहित्य में भी उनका खासा दखल है। उन्होंने कई सुंदर व्यंग्य लेख लिखे हैं जिनमें उनकी वैज्ञानिक और साहित्यक प्रतिभा के एक साथ दर्शन हो जाते हैं।

विदेशों में रहकर बड़ी सुविधाएँ हासिल करने की बजाय डॉ. कैलिंपुदी राधाकृष्ण राव अपने देश में रहकर ही देश और देशवासियों की सेवा को अपना ध्येय मानते हैं। उम्मीद है, वे अभी वर्षों तक अपने अनुसंधान-कार्यों द्वारा नई पीढ़ी को आगे बढ़ाकर कुछ काम करने की प्रेरणा देते रहेंगे।

47

एच.एन. सेठना

परमाणु कार्यक्रमों के सूत्रधार

(1923–2010)

आधुनिक भारत को वैज्ञानिक प्रगति की राह पर ले जाने वाले प्रतिभाशाली और उत्साही वैज्ञानिकों में एच.एन. सेठना भी हैं। अपनी विलक्षण मेधा और निरंतर सक्रियता के कारण उन्होंने विश्व के मानचित्र पर भारत का नाम चमकाया। साथ ही युवा पीढ़ी को नए जोश और उत्साह के साथ वैज्ञानिक शोध के लिए आगे आने की प्रेरणा दी।

24 अगस्त, 1923 को जनमे होमी नशेरवानजी सेठना बचपन से ही अत्यंत प्रतिभाशाली और धुनी थे। ज्ञान-विज्ञान से जुड़ी किताबें पढ़ना उन्हें अच्छा लगता था। उनकी प्रतिभा और लगन देखकर अध्यापक भी चकित होते थे। बड़े होने पर उन्होंने केमिकल इंजीनियरिंग के क्षेत्र में एम.ई. डिग्री के साथ अन्य कई महत्वपूर्ण उपाधियाँ हासिल की। विदेशों में अध्ययन करने के बाद भी उनका मन देश की सेवा के लिए उत्सुक था। उनका मानना था कि सच्चा ज्ञान या विज्ञान देश और मानवता की सेवा के लिए है। भारत आने के बाद डॉ. सेठना देश के परमाणु ऊर्जा कार्यक्रम से जुड़े।

सन 1974 में राजस्थान के जैसलमेर जिले के पोखरन स्थान पर भारत का पहला परमाणु विस्फोट हुआ। यह वैज्ञानिक उपलब्धि डॉ. सेठना के नेतृत्व में ही हासिल हुई। उन्होंने प्रधानमंत्री इंदिरा गाँधी को एक सांकेतिक वाक्य में प्रयोग की सफलता की सूचना भेजी। वह सांकेतिक वाक्य था, 'बुद्ध आ रहा है।' डॉ. सेठना ने यह सांकेतिक वाक्य इसलिए चुना, क्योंकि इससे वह सारी दुनिया को

यह संदेश देना चाहते थे कि भारत का परमाणु-कार्यक्रम शांति स्थापित करने के लिए है। दुनिया की शांति को नष्ट करने के लिए नहीं। बुद्ध शांति और अहिंसा के बड़े उपदेशक थे। इससे बड़े काव्यात्मक लहजे में भारत के परमाणु-कार्यक्रम का लक्ष्य और दिशा स्पष्ट हो जाती है।

डॉ. सेठना भारत की वैज्ञानिक प्रगति और अनुसंधान के कई महत्वपूर्ण कार्यक्रमों से जुड़े रहे हैं जिनसे पूरी दुनिया में भारत का नाम ऊँचा हुआ। ट्राम्बे में प्लूटोनियम प्लांट की स्थापना में उन्होंने विशेष रुचि दिखाई। वे अंतर्राष्ट्रीय वैज्ञानिक सलाहकार समिति की परमाणु एजेंसी के सदस्य चुने गए। यह उनके और भारत दोनों के गौरव की बात है। सन् 1960 में उन्हें शांतिस्वरूप भटनागर पुरस्कार मिला तथा 1975 में पद्मविभूषण से सम्मानित किया गया।

5 सितंबर, 2010 को इस कर्मठ और दृढ़निश्चयी वैज्ञानिक का निधन हुआ। डॉ. सेठना अंत तक अपने पूर्ववर्ती दिग्गज वैज्ञानिकों डॉ. भाभा और विक्रम साराभाई के अधूरे कामों को जी-जान से पूरा करने में जुटे रहे। यह खुद में एक बड़ी उपलब्धि है जिस पर भारत की जनता को गर्व है।

48

राजा रामन्ना

भारत की अणु-शक्ति के नायक

(1925-2004)

आधुनिक युग में भारत को वैज्ञानिक दृष्टि से संपन्न, शक्तिशाली देश बनाने में जिन वैज्ञानिकों का अभूतपूर्व योगदान है, उनमें राजा रामन्ना भी हैं। विख्यात वैज्ञानिक होमी जहाँगीर भाभा की तरह ही राजा रामन्ना ने भी भारत के अणु-कार्यक्रमों को तेजी और ऊँचाई दी और भाभा के काम को सही मायनों में आगे बढ़ाया। उन्होंने समझ लिया था कि बिना आणविक शक्ति बने, भारत न अपने विकास-कार्यक्रमों में तेजी ला पाएगा और न विश्व के मानचित्र पर एक शक्तिशाली देश के रूप में अपनी उपस्थिति दर्ज करा पाएगा। इस लिहाज से राजा रामन्ना ने देश के विकास की जो राह खोजी, उसे आज सभी स्वीकार करते हैं।

28 जनवरी, 1925 को कर्नाटक के टुमकुर स्थान पर जनमे राजा रामन्ना बचपन से ही बड़े गंभीर विद्यार्थी थे और ज्यादा से ज्यादा किताबें पढ़ने में उनकी दिलचस्पी थी। वे बड़े होने पर वैज्ञानिक बनकर देश की सेवा करना चाहते थे। शोध के लिए वे लंदन गए और वहाँ के विश्वविद्यालय से पी-एच.डी. की डिग्री लेकर लौटे। भारत लौटने पर उनके काम की दिशा लगभग तय हो गई थी। वे भौतिकविज्ञान के क्षेत्र में ज्यादा से ज्यादा काम करना चाहते थे। शुरू में टाटा इंस्टीट्यूट ऑफ फंडामेंटल रिसर्च में वे प्रोफेसर बने, फिर भाभा परमाणु

अनुसंधान-केंद्र में भौतिकीविज्ञान के विभागाध्यक्ष बने। भाभा इस प्रतिभाशाली वैज्ञानिक की मेधा, लगन और समर्पण से काफी प्रभावित थे। वे परमाणु-ऊर्जा के बारे में जो काम कर रहे थे, उसमें भी राजा रामन्ना का एक अच्छे कर्मठ सहयोगी के रूप में उन्हें साथ मिला।

राजा रामन्ना भाभा का बेहद सम्मान करते थे और उनके लिए कुछ भी करके उन्हें तसल्ली मिलती थी। वे भी भाभा के इस विचार से सहमत थे कि देश को परमाणु-ऊर्जा संपन्न बनाए बगैर इस महादेश का विकास संभव नहीं है। इसलिए कि परमाणु-ऊर्जा का विकास-कार्यों में सीधा और तेजी में इस्तेमाल संभव है। भाभा ने जिस तरह परमाणु-ऊर्जा के क्षेत्र में नए से नए अनुसंधान करके, भारत को विश्व के प्रमुख परमाणु-शक्ति संपन्न देशों में स्थान दिलाया था, उसमें राजा रामन्ना का भी पूरा सहयोग था।

सन् 1966 में एक हवाई दुर्घटना में भाभा की मृत्यु हो जाने पर सारा देश शोक की लहर में डूब गया। जाहिर है, राजा रामन्ना ने भी भाभा के जाने पर एक अग्रणी मार्गदर्शक के साथ-साथ बहुत कुछ खो दिया था। पर वे टूटे नहीं, निराश नहीं हुए, बल्कि भाभा के सपनों को पूरा करने में उन्होंने अपना पूरा जीवन लगाने का निश्चय कर लिया था।

सच तो यह है कि आज भारत परमाणु अस्त्र से संपन्न देश बन सका है, तो इसके पीछे भी राजा रामन्ना की तपस्या है। उन्होंने पोखरण में जो परमाणु परीक्षण किया था, उसने पूरी दुनिया में भारत की धाक जमा दी। साथ ही हर भारतीय के चेहरे पर एक आत्मविश्वास आ गया। इसलिए कि भारत अब वैज्ञानिक दृष्टि से पिछड़ा देश नहीं रहा था। इस परमाणु परीक्षण की खासियत यह थी कि यह पृथ्वी के भीतर किया गया था। राजा रामन्ना का विचार था कि पहाड़ों की खुदाई, बड़े-बड़े तालाब, बाँध और नहरें बनाने के लिए अकसर बारूद का इस्तेमाल किया जाता है, आणविक शक्ति का नहीं। पर यह ठीक नहीं है, इसलिए कि आणविक शक्ति का इस्तेमाल अधिक सस्ता और प्रभावकारी हो सकता है। पर वैज्ञानिक इसमें असुरक्षा जैसा खतरा देखते थे। राजा रामन्ना ने निरंतर प्रयोगों द्वारा साबित किया कि परमाणु-ऊर्जा के हानिकारक प्रभावों को आसानी से नियंत्रित किया जा सकता है। लिहाजा सुरक्षित किस्म के परमाणु-विस्फोट करके हम बहुत बड़े-बड़े कामों को अंजाम दे सकते हैं।

राजा रामन्ना का पूरा जीवन विज्ञान के विकास को समर्पित रहा है। एक

ओर वे अपने आविष्कारों से देश और समाज की उन्नति की निरंतर चिंता करते रहे, दूसरी ओर अपने शोध और प्रयोगों के काम में ज्यादा से ज्यादा गहराई से डूबते गए। परमाणु-क्षेत्र में उन्होंने कई ऐसे आविष्कार किए, जिन्हें सारे संसार के वैज्ञानिकों ने माना और इस नाते विश्व के जाने-माने वैज्ञानिकों में उनकी चर्चा होती है। खासकर किसी परमाणु के नाभिकीय विखंडन का जो सिद्धांत उन्होंने प्रस्तुत किया, उसे आज भी बड़ा उपयोगी समझा जाता है। राजा रामन्ना का मानना था कि परमाणु के भारी केंद्रक विभाजित होकर बहुत तेज आणविक विकिरण देते हैं। उनकी इस खोज को परमाणु विखंडन के लिहाज से बहुत महत्व का समझा जाता है।

24 सितंबर, 2004 को मुंबई में इस उत्साही और प्रतिभासंपन्न वैज्ञानिक का निधन हुआ। आज राजा रामन्ना नहीं हैं, पर उन्होंने भारत के स्वप्नदर्शी वैज्ञानिक भाभा के सपनों को पूरा करते हुए, देश को दुनिया के चोटी के परमाणु शक्ति-संपन्न देशों में से एक बनाया और निरंतर विकास का रास्ता भी सुझाया। इस नाते वे आज भी बार-बार याद आते हैं।

49

वेणु बप्पू

भारत के प्रसिद्ध खगोल-विज्ञानी

(1927-1982)

आधुनिक भारत के निर्माण और उसे वैज्ञानिक प्रगति के पथ पर आगे ले जाने में जिन वैज्ञानिकों ने अथक मेहनत की, उनमें अद्‌भुत खगोल-विज्ञानी वेणु बप्पू का नाम हमेशा अमर रहेगा। वे एक ऐसे स्वप्नदर्शी वैज्ञानिक थे जिन्होंने वर्षों पहले खगोल-विज्ञान के महत्व को जान लिया था। भारत को इस दिशा में दुनिया में हो रहे एक से एक महत्वपूर्ण अनुसंधानों की शृंखला से जोड़कर उन्होंने भारत को खगोल-विज्ञान में न सिर्फ समुन्नत बनाया, बल्कि भारतीय वैज्ञानिकों में एक अलग तरह की सूझ-बूझ और ताजा उत्साह के साथ इस दिशा में काम करने की ललक भी पैदा की। सच तो यह है कि खगोल-विज्ञान के क्षेत्र में वेणु बप्पू की ये खोजें, जिनके कारण आज वे सारी दुनिया में जाने जाते हैं, एक नए भारत के निर्माण के स्वप्न या आदर्श से ही जनमी थीं।

10 अगस्त, 1927 को चेन्नई में जनमे वेणु बप्पू बचपन से ही बड़े प्रतिभावान और जिज्ञासु प्रवृत्ति के थे। उनके पिता निजाम हैदराबाद की वेधशाला में सहायक के पद पर काम करते थे। वेणु बप्पू न सिर्फ वेधशाला के बारे में पिता की बातें दिलचस्पी से सुनते थे, बल्कि इस विषय में व्याख्यान देने के लिए जो लोग बाहर से आते थे, उनकी बातें और विचार भी बड़े गौर से सुनते थे। शुरुआती पढ़ाई के बाद उच्च शिक्षा के लिए सन् 1949 में वे हार्वर्ड गए। यहीं कुछ प्रसिद्ध खगोल-

विज्ञानियों से उनकी मित्रता हुई। कुछ ही दिनों में उन्होंने एक पुच्छल तारे की खोज की, तो बहुत से खगोलविज्ञानियों का ध्यान उनकी ओर गया। उन्होंने जिस तारे की खोज की थी, उसे भी बप्पू और उनके सहयोगियों के नाम से जाना गया। इस पुच्छल तारे का नाम पड़ा बप्पू-बोक-न्यूकर्क।

इसके बाद वेणु बप्पू की खगोलविज्ञान में दिलचस्पी और बढ़ी। वे पालोमर वेधशाला से जुड़े। यहीं एक अन्य खगोलविज्ञानी कॉलिन सी. विल्सन के साथ मिलकर उन्होंने एक नई खोज कर डाली, जिसे सारे संसार में आज बप्पू-विल्सन सिद्धांत के नाम से जाना जाता है। इस सिद्धांत से पता चला कि तारों की दीप्ति या चमक का उनकी कई अन्य विशेषताओं के साथ सीधा संबंध है। यह एक महत्वपूर्ण खोज थी, जिसने अंतरिक्ष अनुसंधानों में बड़ी मदद की। तारों की दीप्ति और दूरी का पता लगाने के लिए आज भी सारी दुनिया में इस सिद्धांत का उपयोग होता है।

अब तक वेणु बप्पू का नाम दूर-दूर तक फैल चुका था, पर वे भारत आने के लिए विकल थे। वे चाहते तो उन्हें विदेश में एक से बढ़कर एक आकर्षक पद मिल सकते थे, पर वेणु बप्पू के भीतर यह तड़प थी कि कैसे भारत खगोलविज्ञान के क्षेत्र में आगे बढ़े। दुनिया के नए-नए आविष्कारों से जुड़कर आगे काम करने की चुनौतियों को स्वीकार करे। पर भारत आने के बाद वेणु बप्पू को निराशा ही हाथ लगी। किसी ने उनके काम में दिलचस्पी नहीं ली। यहाँ तक कि कोई ढंग की नौकरी तक उन्हें नहीं मिली। इस पर भी वेणु बप्पू ने विदेशों में लौट जाने की बजाय भारत में रहकर ही संघर्ष करने का निश्चय किया, फिर भले ही उनके रास्ते में कितनी ही मुश्किलें क्यों न आएँ!

कुछ समय बाद उन्हें उत्तर प्रदेश की राज्य वेधशाला में काम मिल गया। उन्होंने नैनीताल के पास मनोरा चोटी पर एक रम्य वेधशाला स्थापित कर, बहुतों का ध्यान उस ओर आकर्षित किया। फिर चेन्नई के कोडईकनाल स्थान पर उन्होंने एक शक्तिशाली टेलिस्कोप लगवाया। कोडईकनाल वेधशाला के निदेशक के रूप में उन्होंने देश में खगोल-विज्ञान के क्षेत्र में दिलचस्पी पैदा करने में कोई कसर न रखी। पर उनका सबसे बड़ा सपना कवलूर में एक अत्यंत विशाल और शक्तिशाली टेलिस्कोप लगाने की योजना थी, ताकि यह स्थान दुनिया के सर्वप्रमुख खगोल केंद्रों के रूप जाना जाए। सन् 1986 में उनका यह सपना पूरा हुआ, जब इस वेधशाला से सुंदर पुच्छल तारे हेली को देखकर उनके बारे में बहुत

सी जरूरी बातों और गुणों का अध्ययन किया गया। इस शक्तिशाली टेलिस्कोप से सुंदर पुच्छल तारे की हेली की शोभा को देखना खुद में एक विलक्षण अनुभव था।

पर अफसोस, वेणु बप्पू खुद अपने सपने को पूरा होते न देख सके। वे शक्तिशाली टेलिस्कोप को लगाए जाने से कोई चार साल पहले ही, 19 अगस्त, 1982 को गुजर चुके थे। पर उन्होंने भारत को खगोल-विज्ञान के क्षेत्र में एक समुन्नत और शक्तिशाली देश बनाने का जो सपना देखा था, वह तो आज भी उसी तरह हमारी आँखों में झलमला रहा है और बहुत से युवा विज्ञानी उसे पूरा करने में जुटे हैं।

इस लिहाज से वेणु बप्पू द्वारा भारत में निर्मित की गई वेधशालाएँ सिर्फ वेधशालाएँ ही नहीं, ये विज्ञान के ऐसे तीर्थ और मंदिर हैं, जो हमेशा आगे की दिशा की ओर इंगित करते हैं और हमारे कदमों को थकने नहीं देते।

50

डॉ. ए.पी.जे. अब्दुल कलाम

विश्वविख्यात मिसाइल मैन

(ज. 1931)

आधुनिक भारत के धुनी और प्रतिभाशाली वैज्ञानिकों में डॉ. ए.पी.जे. अब्दुल कलाम का नाम भी बड़े सम्मान से लिया जाता है। मिसाइलमैन कहे जाने वाले डॉ. अब्दुल कलाम न सिर्फ भारत के उपग्रह-प्रक्षेपण से जुड़े रहे, बल्कि सन 1994 में हुआ प्रयोगात्मक परमाणु विस्फोट भी उन्हीं के सुयोग्य मार्गदर्शन में संपन्न हुआ। डॉ. कलाम का पूरा नाम है अवुल पकीर जैनुलाबदीन अब्दुल कलाम। उनके नाम में शामिल अवुल उनके परदादा का नाम है, पकीर दादा का और जैनुलाबदीन पिता का। ए.पी.जे. अब्दुल कलाम भारत के शिखरस्थ वैज्ञानिक तो हैं ही, बल्कि भारत को वैज्ञानिक विकास की राह पर ले जाने वाले सुयोग्य मार्गदर्शक भी हैं। यही कारण है कि वे भारत के राष्ट्रपति चुने गए। आज भी सारी जनता उन्हें जी-जान से प्यार करती है तथा उनकी बातों से प्रेरणा लेती है।

15 अक्तूबर, 1931 को तमिलनाडु के रामेश्वरम कस्बे में एक मध्यमवर्गीय तमिल परिवार में जनमे डॉ. अब्दुल कलाम बचपन से ही बड़े धीर-गंभीर तथा सरल थे और हर वक्त सोच-विचार में लीन रहते थे। कलाम के माता-पिता पढ़े-लिखे नहीं थे, पर वे सीधे सरल और बुद्धिमान थे और घर पर सादगीभरा सांस्कृतिक वातावरण था। कलाम के पिता जैनुलाबदीन नाविक थे। बाद में

चलकर उन्होंने लकड़ी की नौकाएँ बनाने का काम सीखा और वही शुरू कर दिया। शुरू में कलाम की शिक्षा रामेश्वरम पंचायती पाठशला में हुई, जहाँ उनके कई हिंदू मित्र थे। सभी आपस में इतने प्रेम से रहते थे कि कहीं कोई फर्क नहीं नजर आता था। कलाम पढ़ाई में सबसे तेज थे। उन्होंने घर की बड़ी कठिन परि-स्थतियों में श्वाट्र्ज हाईस्कूल से हाईस्कूल और तिरुचिरापल्ली के सेंट जोसफ कॉलेज से इंटरमीडिएट की परीक्षा पास की। उसी समय कलाम के मन में रॉकेट के बारे में जानने की उत्सुकता पैदा हुई। उनका मन था कि आगे चलकर वे मिसाइलों और विमानों की तकनीक को नजदीक से जाने । मद्रास इंस्टीट्यूट ऑफ टेक्नोलॉजी से उन्होंने एरोनोटिकल इंजीनियरिंग की परीक्षा पास की। हालाँकि आर्थिक मुश्किलें इतनी थी कि उनकी बहन जोहरा ने गहने गिरवी रखकर उनकी मदद की। तब कलाम यह पढ़ाई पूरी कर सके।

पढ़ाई पूरी करने के बाद डॉ. कलाम हैदराबाद के डिफेंस रिसर्च एंड डेवलपमेंट आर्गेनाइजेशन में वरिष्ठ वैज्ञानिक सहायक के पद पर नियुक्त हुए। कुछ समय बाद इंडियन कमेटी फॉर स्पेस रिसर्च में वे रॉकेट इंजीनियर के पद पर चुने गए। इस पद पर काम करते हुए उन्होंने रॉकेट लॉचिंग सेंटर, थुंबा की स्थापना की। यहीं से रोहिणी-75 का सफल प्रेक्षण किया गया। डॉ. विक्रम साराभाई का ऊर्जा भरा साथ डॉ. कलाम को हमेशा आगे बढ़ने की प्रेरणा देता था। साराभाई के निधन के बाद कलाम ने उनके अधूरे सपने को पूरा करने का बीड़ा उठाया। थुंबा परिसर का नाम अब 'विक्रम साराभाई स्पेस' सेंटर रखा गया है। यहीं से डॉ. कलाम के नेतृत्व में एस.एल.वी.-थ्री ने सफल उड़ान भरी तो स्वयं प्रधानमंत्री श्रीमती इंदिरा गाँधी ने बधाई संदेश भेजा और डॉ. कलाम को मिलने के लिए बुलाया।

इसके बाद कलाम को हैदराबाद में डिफेंस रिसर्च एंड डेवलपमेंट लेबोरेटरी का निदेशक बनाया गया। यहीं से पूरी तरह भारतीय 'डेविल' मिसाइल दागी गई। उसके बाद एक-एक कर कई मिसाइलों के सफल प्रक्षेपण हुए, जिन्होंने भारत के एक सक्षम और शक्तिशाली देश होने का संदेश सारी दुनिया तक पहुँचाया। सेवा-निवृत्त होने के बाद भी कलाम रिसर्च एंड डवलपमेंड आर्गेनाइजेशन, हैदराबाद के अध्यक्ष बने रहे। इसी समय पोखरण में उनके नेतृत्व में परमाणु विस्फोट हुआ, जिससे पूरे में खुशी की लहर छा गई।

इसके बाद डॉ. कलाम रक्षा मंत्रालय में वैज्ञानिक सलाहकार बने और अंत में सारे देश की इच्छाओं का सम्मान करते हुए उन्हें भारत का राष्ट्रपति चुना गया।

यह पहला मौका था कि एक इतना बड़ा प्रतिभाशाली वैज्ञानिक देश का राष्ट्रपति चुना गया। इससे भारत ने सारी दुनिया को यह संदेश दिया कि अब वह पहले जैसा पिछड़ा देश नहीं रहा, बल्कि वैज्ञानिक प्रगति के लिए उसने कमर कस ली है। इक्कीसवीं सदी में वह शीर्ष पर पहुँचने के लिए व्यग्र है।

डॉ. कलाम उन वैज्ञानिकों में से हैं जो अपने शोध-कार्यों से ही नहीं, अपने समूचे व्यक्तित्व से देश और मानवता को प्रभावित करते हैं। उन्होंने पूरे भारत में वैज्ञानिक प्रगति की मशाल जलाकर देश को नई राह दिखाई। इसके लिए आने वाली पीढ़ियाँ हमेशा उनकी शुक्रगुजार रहेंगी।

51

डॉ. जयंत विष्णु नार्लीकर

आधुनिक भारत के विश्वविख्यात खगोलविद

(ज. 1938)

आधुनिक भारतीय वैज्ञानिकों में प्रसिद्ध खगोलविद तथा नाभिकीय भौतिकशास्त्री डॉ. जयंत विष्णु नार्लीकर का नाम भी अलग से पहचान में आता है। डॉ. नार्लीकर एक ओर अपने अंतरिक्ष-संबंधी विशेष अध्ययन और स्थापनाओं के लिए जाने जाते हैं, तो दूसरी ओर नाभिकीय भौतिकविज्ञानी के रूप में भारत के परमाणु कार्यक्रम को आगे बढ़ाने में उन्होंने उल्लेखनीय काम किया है। इस लिहाज से भारत को ज्ञान-विज्ञान के क्षेत्र में अंतर्राष्ट्रीय ख्याति दिलाने वाले आधुनिक वैज्ञानिकों में उनका नाम खासे सम्मान से लिया जाता है।

19 जुलाई, 1938 को कोल्हापुर में जनमे जयंत विष्णु नार्लीकर को बचपन से ही घर में पढ़ने-लिखने का वैचारिक सांस्कृतिक वातावरण मिला। उनके पिता विष्णु वासुदेव नार्लीकर प्रसिद्ध गणितज्ञ होने के साथ-साथ बनारस हिंदू विश्वविद्यालय के वाइस चांसलर भी रहे हैं। जयंत नार्लीकर की प्रारंभिक शिक्षा कोल्हापुर में हुई। उच्च अध्ययन के लिए वे बनारस गए। फिर शोध के सिलसिले में कैंब्रिज गए, तो उनकी प्रतिभा और तेज ने सभी को प्रभावित किया। कैंब्रिज में विश्वप्रसद्धि खगोलज्ञ प्रो. फ्रेंड हॉयल के निर्देशन में उन्होंने शोध-कार्य किया। इससे प्रसिद्ध खगोलज्ञ और नक्षत्रशास्त्री के रूप में संसार भर में उनकी प्रसिद्धि फैली। कैंब्रिज विश्वविद्यालय ने डॉ. एडम की स्मृति में दिया जाने वाला एडम पुरस्कार डॉ. नार्लीकर को देकर उनका यश बढ़ाया।

यहाँ अंतरिक्ष और तारों की बनावट तथा सृष्टि के जन्म आदि को लेकर डॉ.

नार्लीकर ने अपनी मौलिक स्थापनाएँ देकर प्रसिद्ध खगोलज्ञों को चकित कर दिया। उनका मानना है कि ब्रह्मांड की उत्पत्ति की दो अलग-अलग व्याख्याएँ की जाती हैं। लेकिन देखा जाए तो वे इस कदर भिन्न नहीं हैं और कहीं न कहीं आपस में मिलती भी हैं। इस संबंध में लिखी गई उनकी पुस्तक 'विज्ञान, मानव और ब्रह्मांड' को अंतर्राष्ट्रीय प्रसिद्धि प्राप्त है।

विदेशों में लंबे समय तक अंतरिक्ष और तारामंडल पर शोध करने के बाद जयंत भारत लौटे, तो टाटा फंडामेंडल रिसर्च इंस्टीट्यूट में प्रोफेसर के पद पर उनकी नियुक्ति हुई। पर उनका शोध और अनुसंधान यहाँ भी निरंतर जारी रहा। अपने अंतर्राष्ट्रीय शोध के लिए उन्हें वेणु बप्पू स्मृति-पुरस्कार सहित देश-विदेश के कई प्रतिष्ठापित पुरस्कार मिले। पर जयंत नार्लीकर के मन में जरा भी अभिमान नहीं आया। वे और भी सरलता और सादगी से अपने काम में जुट गए।

इधर उन्होंने एक से एक अनोखी विज्ञान कथाएँ तथा वैज्ञानिक उपन्यास लिखकर अपनी अनोखी प्रतिभा का परिचय दिया है। उनके वैज्ञानिक उपन्यासों में 'अंतरिक्ष में विस्फोट' तथा 'वायरस' बहुत प्रसिद्ध हैं। इनमें आने वाले समय में विज्ञान के बिना जीने की बड़ी अजीब लगती कल्पनाएँ हैं, जिन्हें पढ़कर मन सिहर उठता है। इन उपन्यासों में डॉ. जयंत कहीं न कहीं विज्ञान पर मानव की अति निर्भरता के खतरों से हमें अवगत करा रहे हैं। हम अपने रोजमर्रा के कामों को सुगमता से करने के लिए विज्ञान की मदद लें, यह तो अच्छा है, लेकिन विज्ञान और टेक्नोलॉजी मानव के लिए एक तरह की गुलामी और परावलंबन बन जाए और वह पंगु होकर जीने लगे, इसे तो किसी भी तरह श्रेयस्कर नहीं कहा जा सकता। डॉ. नार्लीकर के ये उपन्यास हमें इस खतरे से आगाह करते और चेताते हैं।

डॉ. नार्लीकर का एक और ऐसा ही प्रसिद्ध विज्ञान फंतासी उपन्यास है 'आगंतुक', जो अपनी अनोखी परिकल्पनाओं के कारण खासा चर्चित रहा है। इसी तरह उनकी प्रसिद्ध पुस्तकों में 'धूमकेतु' और 'इंट्रोडेक्शन टू कॉस्मोलॉजी' का बार-बार जिक्र किया जाता है। डॉ. नार्लीकर को कुछ समय पहले बिरला खगोलविज्ञान एव तारामंडल विज्ञान संस्थान पुरस्कार मिल चुका है। आजकल वे विज्ञान पर रोचक लेखन के जरिए उसे आम जनता के बीच लोकप्रिय बनाने तथा युवा पीढ़ी में विज्ञान के प्रति अभिरुचि उत्पन्न करने के काम में जुटे हैं।

डॉ. नार्लीकर अपनी अतिशय व्यस्तताओं के बावजूद अब भी अपने गहन अध्ययन और शोध-कार्यों में डूबे नजर आते हैं। खगोलविज्ञान में अपनी मौलिक स्थापनाओं के कारण उन्होंने अंतर्राष्ट्रीय ख्याति हासिल की है। बेशक आने वाली पीढ़ियों के सामने इस सरल और उत्साही वैज्ञानिक ने बड़ी मिसाल पेश की है।

❑❑❑